파고다 오분톡

하 루 5 분, 무 조 건 말 하 는

영어회화

JEN 강 I 저

동사별

PAGODA Books

초 판 1쇄 인쇄 2020년 6월 17일
초 판 1쇄 발행 2020년 6월 17일

지 은 이 | Jen 강
펴 낸 이 | 고루다
펴 낸 곳 | Wit&Wisdom 도서출판 위트앤위즈덤
임프린트 | **PAGODA Books**
책임편집 | 고제훈
디자인 총괄 | 손원일, 정현아
마 케 팅 | 도정환, 진부영, 유철민, 김용란, 김대환
출판등록 | 2005년 5월 27일 제 300–2005–90호
주 소 | 06614 서울특별시 서초구 강남대로 419, 19층(서초동, 파고다타워)
전 화 | (02) 6940–4070
팩 스 | (02) 536–0660
홈페이지 | www.pagodabook.com

ISBN 978-89-6281-845-1(13740)

도서출판 위트앤위즈덤 www.pagodabook.com
파고다 어학원 www.pagoda21.com
파고다 인강 www.pagodastar.com
테스트 클리닉 www.testclinic.com

PAGODA Books는 도서출판 Wit&Wisdom의 성인 어학 전문 임프린트입니다.
낙장 및 파본은 구매처에서 교환해 드립니다.

• 머리말 •

"원어민과 원만한 대화를 하고 싶어요."
"저의 생각을 망설임 없이 영어로 말하고 싶습니다."
"영어로 말을 해야 하는 상황을 더 이상 피하고 싶지 않아요."

제가 가르치는 학생들이 영어를 배우는 목표입니다. 많은 학생들이 영어를 원어민처럼 하고 싶어 합니다. 그러기 위해 다양한 학습 방법으로 영어를 배우며 도전하고 있습니다. 영어를 정말 원어민처럼 하기 위해 그 다양한 학습 방법 중에서 놓치지 말아야 할 것이 있다면 바로 동사입니다.

동사 중에서도 특히 뒤에 전치사나 부사가 붙어서 만들어지는 형태, 바로 동사구가 한국 학습자들에게는 가장 어렵고, 어렵지만 많이 사용하고 필수적인 요소입니다. 그 부분을 어떻게 하면 좀 더 쉽고 효율적으로 배워 우리 학생들이 잘 기억할 수 있을까? 그래서 원어민과 대화할 때 혹은 영어를 접할 때 자유롭게 활용할 수 있을까? 이런 생각을 하며 이 책을 준비했습니다.

영어를 잘하기 위해서 어느 한 가지 방법만을 고집할 수는 없다고 생각합니다. 늘 듣고 보고 읽고 말하면서 영어 회화 실력이 늘게 되어 있지요. 저는 이 책을 통해 여러분들이 좀 더 쉽게 동사와 동사구를 좀 더 유창하게 사용하길 바라며, 포기하시지 마시고 끝까지 이 책에 실린 모든 문장들을 본인의 것으로 만들기 바랍니다. 성실한 사람은 본인의 꿈을 이루기 마련입니다.

"To have another language is to possess a second soul." by Charlemagne
"다른 언어를 안다는 것은, 두 번째 영혼을 소유한다는 것과 같다." 샤를마뉴

영어를 배운다는 것은 그 나라의 문화를 배우는 것과 같습니다, 하나의 언어를 마스터 한다는 것은 그 나라의 감성과 생각을 표현한다는 것을 의미합니다.

그 순간, 여러분은 이미 영어의 영혼을 쟁취하게 될 것입니다.
You can do it!

2020. 6. 저자 Jen 강

이 책의 200% 활용법

파고다북스 5분톡
바로가기

저자 직강 데일리 음성 강의

파고다 베테랑 영어회화 강사의 음성 강의!

교재 내용을 보다 확실하게 이해시켜 드립니다.

• 네이버 오디오클립에서 '파고다 5분톡 영어회화 동사별'을 검색해서 청취하세요.

교재 예문 MP3

영어 귀가 트이려면 반복해서 듣는 게 최고!

책에 수록된 모든 예문을 원어민 발음으로 들어볼 수 있도록 MP3를 무료로 제공합니다.

• 파고다북스 홈페이지에서 다운로드 받아 청취하세요. (실시간 스트리밍도 가능)

하루 5분씩 100일, 내 입에서 영어가 술술 나올 때까지! 5분톡 영어회화 학습을 끌어주고 밀어주는 추가 자료 4가지

5분 집중 말하기 훈련

완벽한 확인 학습으로 문장 마스터!

교재, 음성 강의, MP3 학습 후 온라인 말하기 훈련 프로그램을 통해 문장 습득과 발음 정확도를 체크해보세요.

- 파고다북스 홈페이지에서 학습할 수 있습니다.

5분톡 발음 클리닉

영어 발음 업그레이드 특훈!

파고다 베테랑 영어회화 선생님의 강의를 통해 한국인이 어려워하는 영어 발음만 모아 교정, 연습할 수 있습니다.

- 파고다북스 홈페이지 또는 유튜브에서 '파고다 5분톡 발음 클리닉'을 검색하여 영상을 시청하세요.

책 내용 미리보기

동사 표현의 의미를 저자만의 방식으로 알기 쉽고 외우기 쉽게 설명해 줍니다.

해당 단원에 나온 예문 3개를 완전히 외우고 넘어갈 수 있도록 해 줍니다.

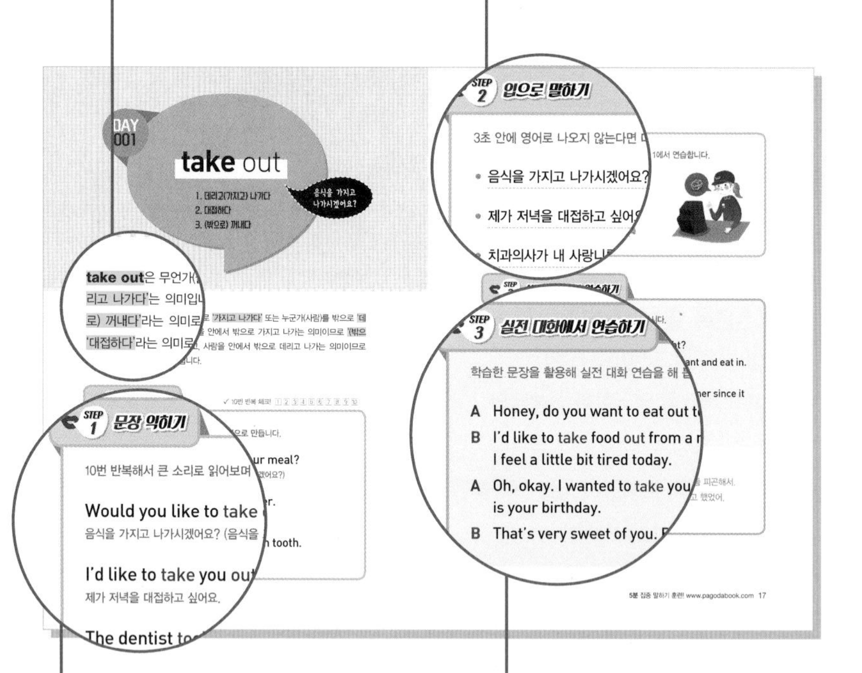

일상생활에서 사용빈도가 높은 예문을 통해 동사표현이 실제로 어떻게 사용되는지 쉽게 이해할 수 있습니다.

동사표현이 실제 사용되는 대화를 통해 일상생활에서 어떻게 사용되는지 이해합니다. 원어민의 발음을 들으며 따라 읽어봅니다.

한 챕터에서 배운 유용한 예문을 기억하고 있는지 확인하고 넘어갑니다. 쓴 후에는 크게 읽으면서 확실히 자기 것으로 만들고 넘어갑니다.

한 챕터에서 등장했던 대화를 기억해 보며 동사표현이 들어간 예문을 완전히 외우고 넘어갑니다. 대화를 크게 읽어보며 말문을 틉니다.

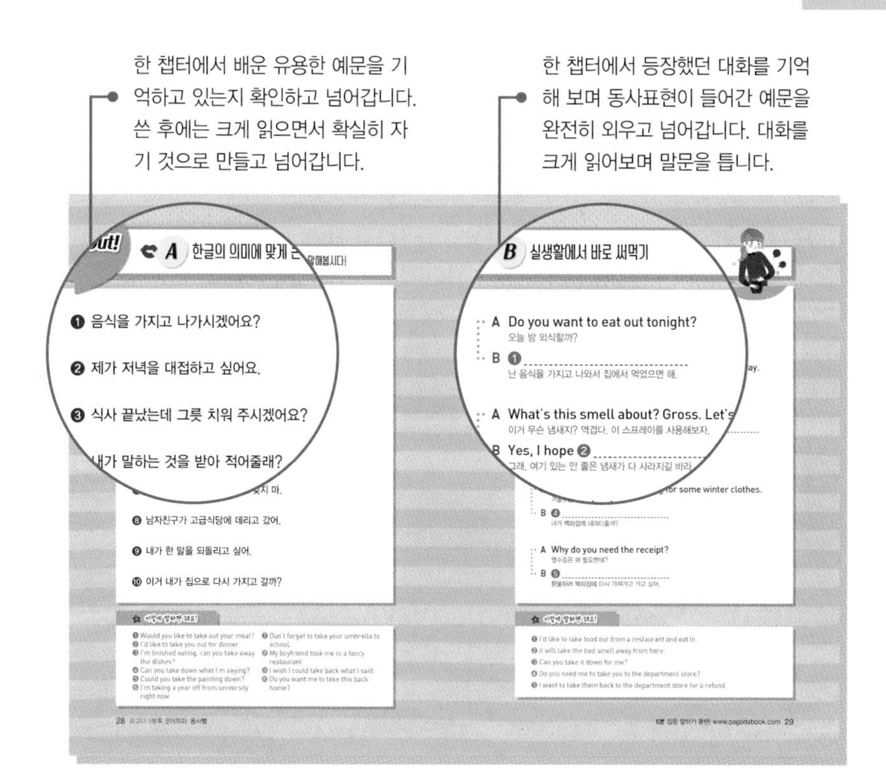

A 한글의 의미에 맞게 ... 말해봅시다!

❶ 음식을 가지고 나가시겠어요?

❷ 제가 저녁을 대접하고 싶어요.

❸ 식사 끝났는데 그릇 치워 주시겠어요?

내가 말하는 것을 받아 적어줄래?

❽ 남자친구가 고급식당에 데리고 갔어.

❾ 내가 한 말을 되돌리고 싶어.

❿ 이거 내가 집으로 다시 가지고 갈까?

이렇게 말하면 돼요!

❶ Would you like to take out your meal?
❷ I'd like to take you out for dinner.
❸ I'm finished eating, can you take away the dishes?
❹ Can you take down what I'm saying?
❺ Could you take the painting down?
❻ I'm taking a year off from university right now.
❼ Don't forget to take your umbrella to school.
❽ My boyfriend took me to a fancy restaurant.
❾ I wish I could take back what I said.
❿ Do you want me to take this back home?

28

B 실생활에서 바로 써먹기

A Do you want to eat out tonight?
오늘 밤 외식할까?
B ❶ ---
난 음식을 가지고 나와서 집에서 먹었으면 해.

A What's this smell about? Gross. Let's
이거 무슨 냄새지? 역겹다. 이 스프레이를 사용해보자.
B Yes, I hope ❷ ---
그래. 여기 있는 안 좋은 냄새가 다 사라지길 바라.

for some winter clothes.
B ❹ ---
내가 백화점에 데려다줄까?

A Why do you need the receipt?
영수증은 왜 필요한데?
B ❺ ---
환불하러 백화점에 다시 가져가고 가고 싶어.

이렇게 말하면 돼요!

❶ I'd like to take food out from a restaurant and eat in.
❷ It will take the bad smell away from here.
❸ Can you take it down for me?
❹ Do you need me to take you to the department store?
❺ I want to take them back to the department store for a refund.

5분 집중 말하기 훈련! www.pagodabook.com 29

5분톡으로 공부하는 방법

Step 1, 교재의 영어 문장을 입으로 많이(최소 10번) 반복해서 말하세요.

Step 2, 저자 직강 데일리 음성 강의를 들으면서 의미와 표현을 이해하세요.

Step 3, 교재 예문 MP3를 들으며 따라 말하세요.

Step 4, 5분 집중 말하기 훈련을 활용해 영어를 듣고 따라 말하고, 우리말 뜻을 보고 영어로 바꿔 말하는 연습을 하세요.

목차 & 100일 학습 체크리스트

CHAPTER 1 take

CHAPTER 2 go

CHAPTER 3 bring

CHAPTER 4 put

CHAPTER 5 try

CHAPTER 6 cut

CHAPTER 7 drop

CHAPTER 8 play

CHAPTER 9 get

CHAPTER 10 come

CHAPTER 14 give

CHAPTER 15 hold

CHAPTER 16 pull

CHAPTER 17 break

CHAPTER 18 look

Take

무언가를 가지고 무엇을 할 땐,

take

Day 001 **take** out

Day 002 **take** away

Day 003 **take** down

Day 004 **take** off

Day 005 **take** ~ to

Day 006 **take** back

DAY
001
take out
1. 데리고(가지고) 나가다
2. 대접하다
3. (밖으로) 꺼내다
음식을 가지고
나가시겠어요?

take out은 무언가(물건)를 밖으로 '가지고 나가다' 또는 누군가(사람)를 밖으로 '데리고 나가다'는 의미입니다. 물건을 안에서 밖으로 가지고 나가는 의미이므로 '(밖으로) 꺼내다'라는 의미로도 쓰이고, 사람을 안에서 밖으로 데리고 나가는 의미이므로 '대접하다'라는 의미로도 쓰입니다.

STEP 1 문장 익히기

✓ 10번 반복 체크! 1 2 3 4 5 6 7 8 9 10

10번 반복해서 큰 소리로 읽어보며 내 것으로 만듭니다.

Would you like to take out your meal?
음식을 가지고 나가시겠어요? (음식을 포장해 가시겠어요?)

I'd like to take you out for dinner.
제가 저녁을 대접하고 싶어요.

The dentist took out my wisdom tooth.
치과의사가 내 사랑니를 뺐다.

STEP 2 입으로 말하기

3초 안에 영어로 나오지 않는다면 다시 STEP 1에서 연습합니다.

- 음식을 가지고 나가시겠어요?
- 제가 저녁을 대접하고 싶어요.
- 치과의사가 내 사랑니를 뺐다.

STEP 3 실전 대화에서 연습하기

학습한 문장을 활용해 실전 대화 연습을 해 봅시다.

A Honey, do you want to eat out tonight?

B I'd like to take food out from a restaurant and eat in. I feel a little bit tired today.

A Oh, okay. I wanted to take you out for dinner since it is your birthday.

B That's very sweet of you. But I am okay.

A 자기야, 오늘 밤 외식할까?

B 난 음식을 가지고 나와서 집에서 먹었으면 해. 오늘 좀 피곤해서.

A 오, 알았어. 오늘 자기 생일이라서 저녁을 대접하려고 했었어.

B 정말 멋진 생각이지만 괜찮아.

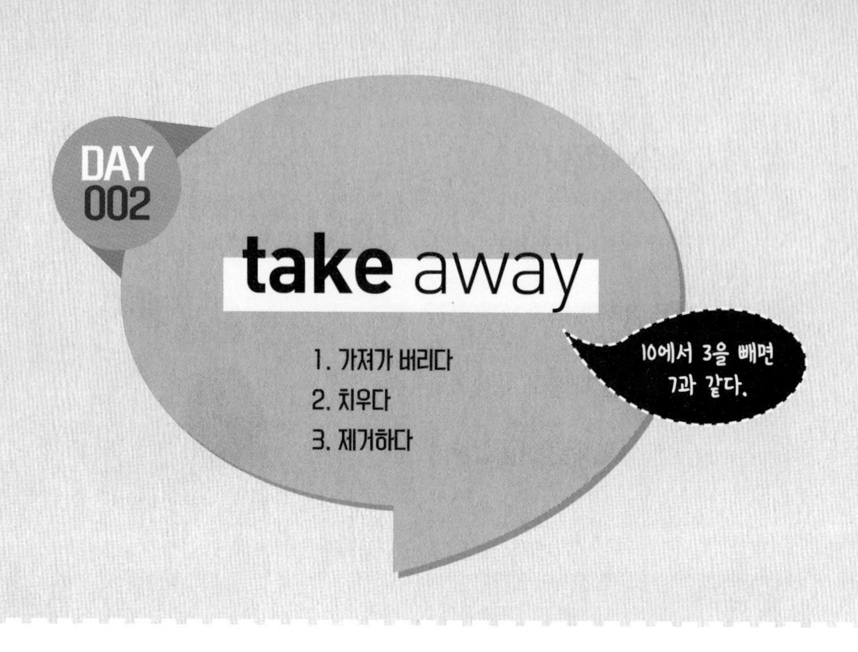
DAY
002
take away
1. 가져가 버리다
2. 치우다
3. 제거하다
10에서 3을 빼면
7과 같다.

away는 '멀어지는 혹은 멀어져서 사라지는'의 의미이기 때문에 취해서(take) 멀리(away) 가지고 가는 의미입니다. 따라서 **take away**는 '가져가 버리다, 치우다, 제거하다'라는 의미가 됩니다.

STEP 1 문장 익히기

✓ 10번 반복 체크! 1 2 3 4 5 6 7 8 9 10

10번 반복해서 큰 소리로 읽어보며 내 것으로 만듭니다.

He took away my freedom.
그가 내 자유를 빼앗아 갔어.

I'm finished eating, can you take away the dishes?
식사 끝났는데 그릇 치워 주시겠어요?

Ten take away three equals seven.
10에서 3을 빼면 7과 같다.

STEP 2 입으로 말하기

3초 안에 영어로 나오지 않는다면 다시 STEP 1에서 연습합니다.

- 그가 내 자유를 빼앗아 갔어.
- 식사 끝났는데 그릇 치워 주시겠어요?
- 10에서 3을 빼면 7과 같다.

STEP 3 실전 대화에서 연습하기

학습한 문장을 활용해 실전 대화 연습을 해 봅시다.

A What's this smell about?
B Gross. Let's use this spray.
A Yes, I hope it will take the bad smell away from here.
B I hope so, too.

A 이거 무슨 냄새지?
B 역겹다. 이 스프레이를 사용해 보자.
A 그래, 여기 있는 안 좋은 냄새가 다 사라지길 바라.
B 나 역시 같은 바람이야.

DAY
003
take down
1. 받아 적다
2. 내리다
그 그림 내려 줄래요?

down은 아래를 뜻합니다. 즉, 취해서(take) 무언가를 아래로 향하게(down) 하는 것을 의미하기 때문에 **take down**은 '받아 적다, 내리다'의 의미가 됩니다.

STEP 1 문장 익히기

✓ 10번 반복 체크! 1 2 3 4 5 6 7 8 9 10

10번 반복해서 큰 소리로 읽어보며 내 것으로 만듭니다.

Can you take down what I'm saying?
내가 말하는 것을 받아 적어줄래?

Could you take the painting down?
그 그림 내려 줄래요?

Take him down from the top of the stairs.
계단에서 저 아이를 끌어 내려.

동사구를 사용할 때 목적어가 대명사이면 항상 동사와 부사 사이에 위치합니다.

STEP 2 입으로 말하기

3초 안에 영어로 나오지 않는다면 다시 STEP 1에서 연습합니다.

- 내가 말하는 것을 받아 적어줄래?
- 그 그림 내려 줄래요?
- 계단에서 저 아이를 끌어 내려.

STEP 3 실전 대화에서 연습하기

학습한 문장을 활용해 실전 대화 연습을 해 봅시다.

A Honey, where is the receipt for the clothes that you bought me?

B It's in a box on the top shelf.

A I can't reach the box! Can you take it down for me?

B Sure.

A 자기야, 자기가 사준 옷 영수증이 어디에 있지?

B 꼭대기 선반 위 박스 안에 있어.

A 박스에 손이 닿지 않아. 나 대신 그것 좀 내려줄 수 있어?

B 물론이지.

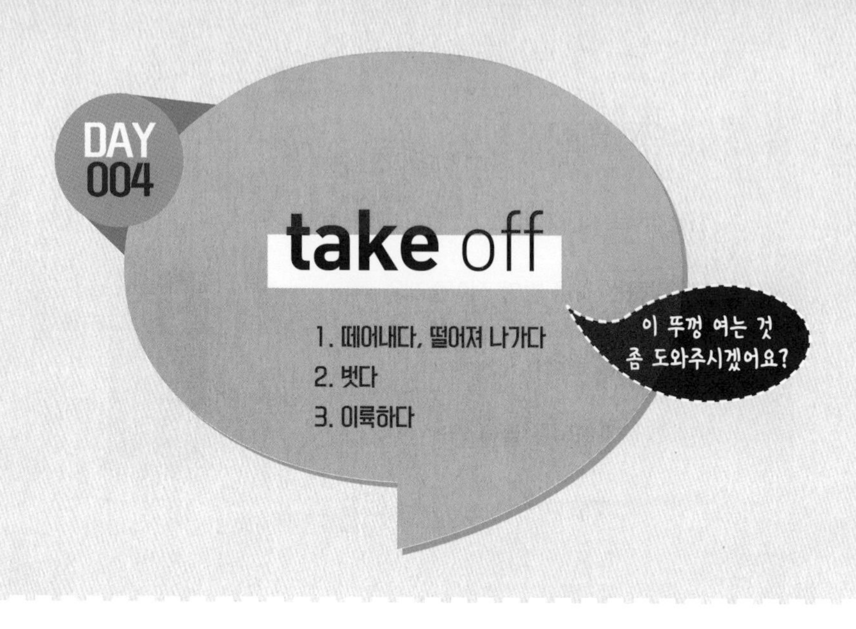
DAY
004
take off
1. 떼어내다, 떨어져 나가다
2. 벗다
3. 이륙하다
이 뚜껑 여는 것
좀 도와주시겠어요?

off는 붙어 있던 상태에서 떨어져 나간다는 의미가 있어요. 그래서 무언가를 취해서 (take) 떼어내는 것(off)을 의미합니다. 따라서 **take off**는 '(무엇을 어디에서) 떼어내다, 떨어져 나가다'라는 의미가 있고 몸에서 떨어져 나가면 '(옷 등을) 벗다'라는 의미도 있습니다. 비행기가 활주로에서 떨어져 나가면 '이륙하다'라는 의미가 되겠죠.

STEP 1 문장 익히기

✓ 10번 반복 체크! 1 2 3 4 5 6 7 8 9 10

10번 반복해서 큰 소리로 읽어보며 내 것으로 만듭니다.

Can you help me take this lid off?
이 뚜껑 여는 것 좀 도와주시겠어요?

The airplane is about to take off now.
비행기가 지금 곧 이륙하려고 합니다.

I'm taking a year off from university right now.
저는 지금 1년간 휴학 중이에요.

STEP 2 입으로 말하기

3초 안에 영어로 나오지 않는다면 다시 STEP 1에서 연습합니다.

- 이 뚜껑 여는 것 좀 도와주시겠어요?
- 비행기가 지금 곧 이륙하려고 합니다.
- 저는 지금 1년간 휴학 중이에요.

STEP 3 실전 대화에서 연습하기

학습한 문장을 활용해 실전 대화 연습을 해 봅시다.

A Hey, what are you up to? Would you like to hang out?

B Good timing! Guess what, I just got a new dress.

A Wow, you should take the old one off and put on the new one.

B Sure. Let's paint the town red tonight.

A 있잖아, 뭐 할 거야? 놀래?

B 좋은 타이밍인데, 있잖아, 나 새 드레스 샀어.

A 와, 입고 있는 거 벗고 새 드레스 입어.

B 알았어. 오늘 밤 신나게 놀자.

tip! paint the town red는 '한바탕 신나게 놀다'라는 의미의 관용표현입니다.

DAY
005
take ~ to
1. 가지고 가다
2. 데리고 가다
수업에 그 책을
가지고 갔다.

전치사 to는 어딘가로의 이동이나 방향을 나타냅니다. 그래서 무언가를 혹은 누군가를 취해서(take) 어떤 곳이나 방향으로(to) 간다는 의미이므로 **take A to B**는 'A를 B로(에) 가지고 가다, 데리고 가다'라는 의미로 쓰입니다.

STEP 1 문장 익히기

✓ 10번 반복 체크! 1 2 3 4 5 6 7 8 9 10

10번 반복해서 큰 소리로 읽어보며 내 것으로 만듭니다.

Don't forget to take your umbrella to school.
학교에 우산 가지고 가는 것 잊지 마.

I took the book to the class.
수업에 그 책을 가지고 갔다.

My boyfriend took me to a fancy restaurant.
남자친구가 고급식당에 데리고 갔어.

STEP 2 입으로 말하기

3초 안에 영어로 나오지 않는다면 다시 STEP 1에서 연습합니다.

- 학교에 우산 가지고 가는 것 잊지 마.
- 수업에 그 책을 가지고 갔다.
- 남자친구가 고급식당에 데리고 갔어.

STEP 3 실전 대화에서 연습하기

학습한 문장을 활용해 실전 대화 연습을 해 봅시다.

A What's your plan for this weekend?
B I think I need to go shopping for some winter clothes.
A Do you need me to take you to the department store?
B Yes, please.

A 이번 주말 계획이 뭐야?
B 겨울옷을 사러 가야 할 것 같아.
A 내가 백화점에 데려다줄까?
B 그렇게 해줘.

DAY
006
take back
1. 되돌리다
2. 다시 갖다 놓다
환불하러
백화점에 다시 가져
가고 싶어.

back은 원래 있던 곳으로 되돌아간다는 의미가 있습니다. 무언가를 취해서(take) 다시 돌려놓는다(back)는 의미로 **take back**은 '되돌리다, 다시 갖다 놓다'라는 의미로 쓰입니다.

STEP 1 문장 익히기

✓ 10번 반복 체크! 1 2 3 4 5 6 7 8 9 10

10번 반복해서 큰 소리로 읽어보며 내 것으로 만듭니다.

I wish I could take back what I said.
내가 한 말을 되돌리고 싶어.

Do you want me to take this back home?
이거 내가 집으로 다시 가지고 갈까?

I want to take this brand-name bag back.
이 명품 가방을 반품하고 싶다.

STEP 2 입으로 말하기

3초 안에 영어로 나오지 않는다면 다시 STEP 1에서 연습합니다.

- 내가 한 말을 되돌리고 싶어.
- 이거 내가 집으로 다시 가지고 갈까?
- 이 명품 가방을 반품하고 싶다.

STEP 3 실전 대화에서 연습하기

학습한 문장을 활용해 실전 대화 연습을 해 봅시다.

A Honey, I'm looking for the receipt for the clothes that you bought me.

B Why do you need the receipt?

A Honestly, the pants do not look good, so I want to take them back to the department store for a refund.

B Oh, I see.

A 자기야, 자기가 사 준 옷 영수증을 찾고 있어.

B 영수증은 왜 필요한데?

A 솔직히 말해서 바지가 보기 좋지 않아. 환불하러 백화점에 다시 가져가고 싶어.

B 알았어.

Speak Out!

A 한글의 의미에 맞게 큰 소리로 말해봅시다!

❶ 음식을 가지고 나가시겠어요?

❷ 제가 저녁을 대접하고 싶어요.

❸ 식사 끝났는데 그릇 치워 주시겠어요?

❹ 내가 말하는 것을 받아 적어줄래?

❺ 그 그림 내려 줄래요?

❻ 저는 지금 1년간 휴학 중이에요.

❼ 학교에 우산 가지고 가는 것 잊지 마.

❽ 남자친구가 고급식당에 데리고 갔어.

❾ 내가 한 말을 되돌리고 싶어.

❿ 이거 내가 집으로 다시 가지고 갈까?

☆ 이렇게 말하면 돼요!

❶ Would you like to take out your meal?
❷ I'd like to take you out for dinner.
❸ I'm finished eating, can you take away the dishes?
❹ Can you take down what I'm saying?
❺ Could you take the painting down?
❻ I'm taking a year off from university right now.
❼ Don't forget to take your umbrella to school.
❽ My boyfriend took me to a fancy restaurant.
❾ I wish I could take back what I said.
❿ Do you want me to take this back home?

B 실생활에서 바로 써먹기

A Do you want to eat out tonight?
오늘 밤 외식할까?

B ❶ ________________________________
난 음식을 가지고 나와서 집에서 먹었으면 해.

A What's this smell about? Gross. Let's use this spray.
이거 무슨 냄새지? 역겹다. 이 스프레이를 사용해보자.

B Yes, I hope ❷ ________________________________
그래, 여기 있는 안 좋은 냄새가 다 사라지길 바라.

A I can't reach the book! ❸ ________________________________
책에 손이 닿지 않아. 나 대신 그것 좀 내려줄 수 있어?

B Sure.
물론이지.

A I think I need to go shopping for some winter clothes.
겨울옷을 사러 가야 할 것 같아.

B ❹ ________________________________
내가 백화점에 데려다줄까?

A Why do you need the receipt?
영수증은 왜 필요한데?

B ❺ ________________________________
환불하러 백화점에 다시 가져가고 가고 싶어.

이렇게 말하면 돼요!

❶ I'd like to take food out from a restaurant and eat in.
❷ it will take the bad smell away from here.
❸ Can you take it down for me?
❹ Do you need me to take you to the department store?
❺ I want to take them back to the department store for a refund.

Go

어디로 간다고 할 땐,

go

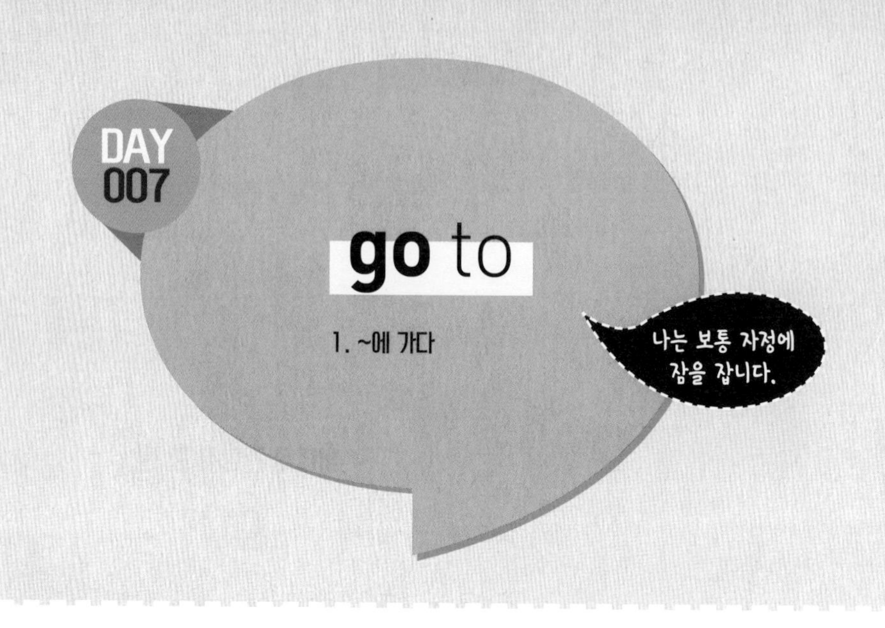
DAY
007
go to
1. ~에 가다
나는 보통 자정에
잠을 잡니다.

전치사 to는 '~를 향해'라는 의미이고 go는 '가는' 것이므로 목적지인 장소를 to 뒤에 넣어 그곳으로 향해 간다는 방향을 나타내어 **go to**는 '~에 가다'의 의미로 쓰입니다.

STEP 1 문장 익히기

✓ 10번 반복 체크! 1 2 3 4 5 6 7 8 9 10

10번 반복해서 큰 소리로 읽어보며 내 것으로 만듭니다.

I go to school three times a week.
나는 일주일에 세 번 학교에 갑니다.

Which city would you like to go to this weekend?
이번 주말에 어느 도시에 가고 싶어?

I usually go to bed around midnight.
나는 보통 자정에 잠을 잡니다.

STEP 2 입으로 말하기

3초 안에 영어로 나오지 않는다면 다시 STEP 1에서 연습합니다.

- 나는 일주일에 세 번 학교에 갑니다.
- 이번 주말에 어느 도시에 가고 싶어?
- 나는 보통 자정에 잠을 잡니다.

STEP 3 실전 대화에서 연습하기

학습한 문장을 활용해 실전 대화 연습을 해 봅시다.

A I'm so tired now.

B What happened?

A I couldn't sleep well last night. I think I went to bed too late.

B I'm sorry to hear that. You should take a nap or rest later.

A 나 너무 피곤해 지금.

B 무슨 일인데?

A 어젯밤에 잠을 잘 못 잤어. 너무 늦게 잠자리에도 든 것 같아.

B 안됐다. 나중에 낮잠을 자거나 쉬는 게 좋겠어.

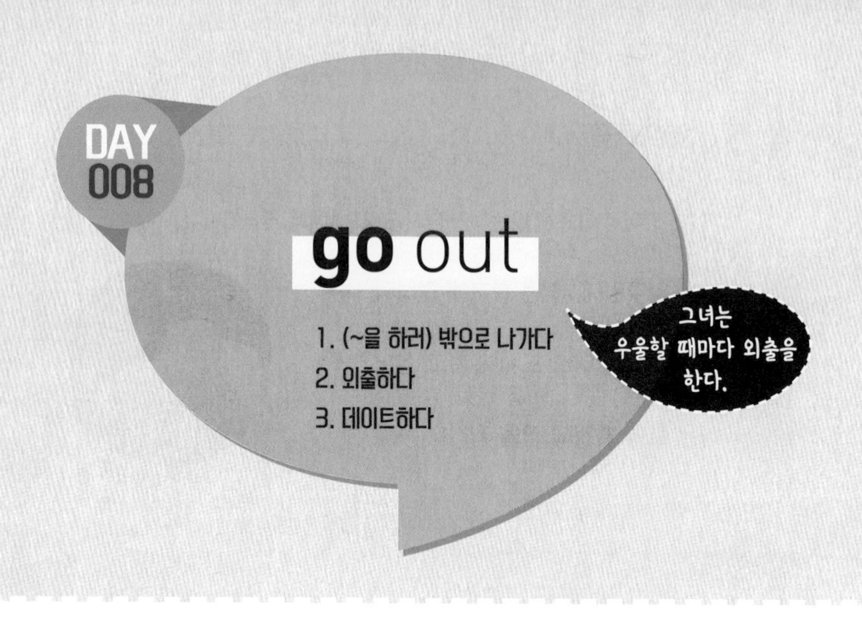
DAY
008
go out
1. (~을 하러) 밖으로 나가다
2. 외출하다
3. 데이트하다
그녀는
우울할 때마다 외출을
한다.

out은 밖이란 의미입니다. 안에서 밖으로 나가는 느낌으로 이해하면 됩니다. go는 '가다'이므로 **go out**은 '밖으로 나가다, 외출하다, 데이트하다'의 의미로 쓰이며, 그 뒤에는 보통 외출하는 또는 밖으로 나가는 목적을 나타내는 표현이 이어 나옵니다.

STEP 1 문장 익히기

✓ 10번 반복 체크! 1 2 3 4 5 6 7 8 9 10

10번 반복해서 큰 소리로 읽어보며 내 것으로 만듭니다.

I sometimes go out with a friend of mine for lunch.
나는 가끔 친구랑 점심을 먹으러 나간다.

She goes out whenever she feels depressed.
그녀는 우울할 때마다 외출을 한다.

Would you like to go out with me?
나랑 데이트할래요?

STEP 2 입으로 말하기

3초 안에 영어로 나오지 않는다면 다시 STEP 1에서 연습합니다.

- 나는 가끔 친구랑 점심을 먹으러 나간다.
- 그녀는 우울할 때마다 외출을 한다.
- 나랑 데이트할래요?

STEP 3 실전 대화에서 연습하기

학습한 문장을 활용해 실전 대화 연습을 해 봅시다.

A Jen, would you like to go out with me?
B Wow, seriously? I'd love to. When?
A Anytime that suits you.
B Okay, what about tonight?

A Jen, 나랑 데이트할래요?
B 와, 정말요? 너무 좋아요. 언제요?
A 시간 될 때 언제든지요.
B 알았어요. 오늘 밤 어때요?

tip! Seriously?, Serious?는 부사, 형용사 둘 다의 형태로 상대방에게 '진심이야?', '정말로?'라고 의견을 재확인할 때 사용하는 회화 표현입니다.

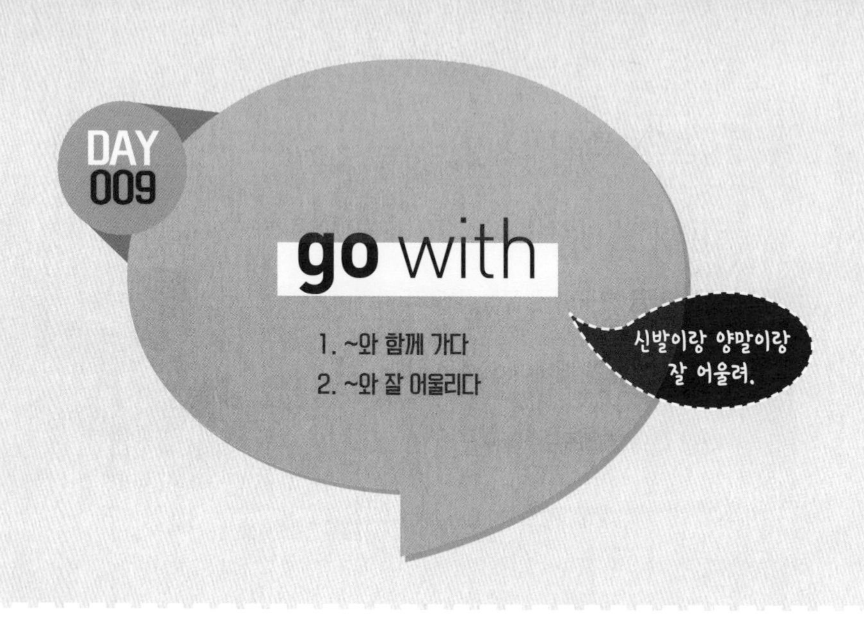
DAY
009
go with
1. ~와 함께 가다
2. ~와 잘 어울리다
신발이랑 양말이랑
잘 어울려.

전치사 with는 '~와 함께, ~와 같이 있는'이라는 의미입니다. 즉, 함께(with) 가는(go) 것이므로 **go with**는 '~와 함께 가다' 또는 함께 있는 것이 '잘 어울리다'라는 의미로 쓰입니다.

STEP 1 문장 익히기

✓ 10번 반복 체크! 1 2 3 4 5 6 7 8 9 10

10번 반복해서 큰 소리로 읽어보며 내 것으로 만듭니다.

He went with his friends to the cinema.
그는 그의 친구들과 함께 극장에 갔다.

Your shoes go with your socks.
신발이랑 양말이랑 잘 어울려.

Do you think this hat goes with me well?
이 모자 나랑 잘 어울리는 것 같아?

STEP 2 입으로 말하기

3초 안에 영어로 나오지 않는다면 다시 STEP 1에서 연습합니다.

- 그는 그의 친구들과 함께 극장에 갔다.
- 신발이랑 양말이랑 잘 어울려.
- 이 모자 나랑 잘 어울리는 것 같아?

STEP 3 실전 대화에서 연습하기

학습한 문장을 활용해 실전 대화 연습을 해 봅시다.

A So, what do you think? Does this color go with me well?

B Hmmm. Why don't you try another one? I think that goes with you better.

A Oh, okay. So now this is better?

B Wow you look fantastic!

A 어떻게 생각해? 이 색깔 나랑 잘 어울리는 것 같아?

B 음, 다른 걸 해 보는 건 어떨까? 내 생각엔 저 색깔이 너랑 더 잘 어울리는 것 같아.

A 오, 알았어. 지금은 어때? 더 괜찮아?

B 와, 멋지다!

DAY
010
go for
1. ~하러 가다
2. ~의 편을 들다, ~에 찬성하다
나는 매주 일요일
아침 산책하러 나간다.

전치사 for는 어떤 것을 향해 바라보는 의미이기 때문에 어떤 행동의 목적을 나타냅니다. 따라서 무엇을 향해 또는 무엇을 하러(for) 가는(go) 것이므로 **go for**는 '~을 하러 가다' 또는 '~의 편을 들다, ~에 찬성하다'의 의미로 쓰입니다.

✓ 10번 반복 체크! 1 2 3 4 5 6 7 8 9 10

10번 반복해서 큰 소리로 읽어보며 내 것으로 만듭니다.

I usually go for a walk every Sunday morning.
나는 매주 일요일 아침 산책하러 나간다.

Let's go for a drink after work today.
오늘 일 끝나고 술 한잔하러 가자.

Go for it!
그냥 해봐!

STEP 2 입으로 말하기

3초 안에 영어로 나오지 않는다면 다시 STEP 1에서 연습합니다.

- 나는 매주 일요일 아침 산책하러 나간다.
- 오늘 일 끝나고 술 한잔하러 가자.
- 그냥 해봐!

STEP 3 실전 대화에서 연습하기

학습한 문장을 활용해 실전 대화 연습을 해 봅시다.

A If you had enough money and time, where would you like to travel?

B Well, I would like to go to Hawaii.

A Why is that?

B People go there for the great weather. I love swimming too.

A 만약 시간과 돈이 충분히 있다면 넌 어디로 여행 가고 싶어?

B 음, 난 하와이로 가고 싶어.

A 왜?

B 사람들이 멋진 날씨 때문에 거기에 가잖아. 나 수영하는 것도 너무 좋아해.

DAY
011
go back
1. 돌아가다
젊은 시절로
돌아가고 싶어.

back은 다시 돌아간다는 의미로 '가다'의 의미인 go와 함께 쓰여 **go back**은 '돌아가다'라는 의미입니다.

STEP 1 문장 익히기

✓ 10번 반복 체크! 1 2 3 4 5 6 7 8 9 10

10번 반복해서 큰 소리로 읽어보며 내 것으로 만듭니다.

I want to go back to my youth.
젊은 시절로 돌아가고 싶어.

You have to go back to the store to get a refund.
환불받으려면 가게로 다시 가야 해.

The food was terrible there. I will never go back there again.
거기 음식은 끔찍했어. 거기 절대 다시 안 갈 거야.

STEP 2 입으로 말하기

3초 안에 영어로 나오지 않는다면 다시 STEP 1에서 연습합니다.

- 젊은 시절로 돌아가고 싶어.
- 환불받으려면 가게로 다시 가야 해.
- 거기 음식은 끔찍했어. 거기 절대 다시 안 갈 거야.

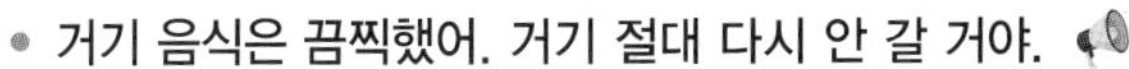

STEP 3 실전 대화에서 연습하기

학습한 문장을 활용해 실전 대화 연습을 해 봅시다.

A So, is everything okay?

B Uh oh. I didn't enjoy the food much. I guess they used a lot of salt.

A Oh, I thought the same about the taste. It was not that great.

B Yeah, we shouldn't go back there again.

A 그래서 모든 게 괜찮아?

B 글쎄. 음식을 그다지 즐기진 못한 것 같아. 내 생각엔 소금을 많이 넣은 것 같았어.

A 오, 나도 음식의 맛이 짜다고 생각했어. 그다지 좋진 않았어.

B 응, 거기 다시 가지 말았으면 해.

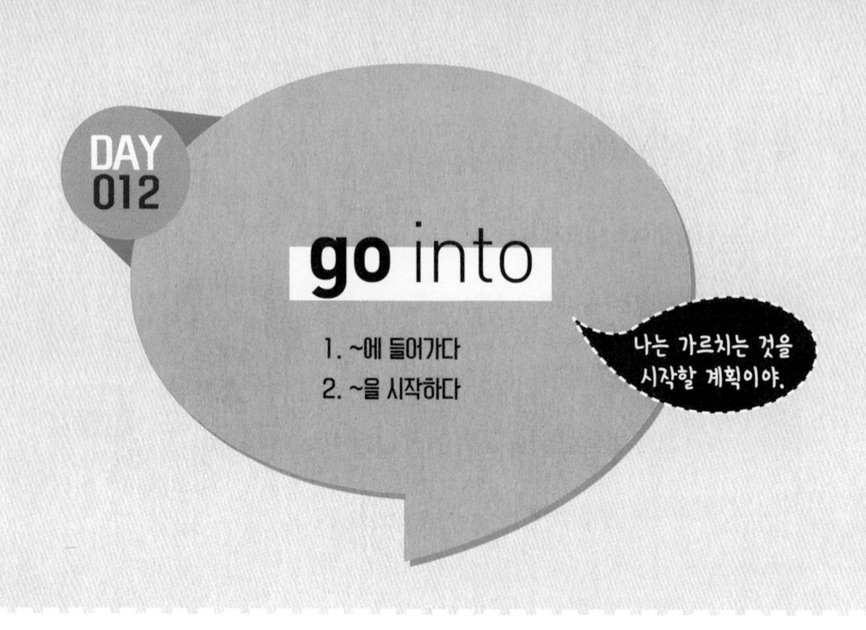
DAY
012
go into
1. ~에 들어가다
2. ~을 시작하다
나는 가르치는 것을
시작할 계획이야.

전치사 into는 안으로 들어가 그 상황에 빠지는 것을 뜻합니다. 그러니 그 상황 속으로(into) 들어가는(go) 것이므로 **go into**는 '~에 들어가다, ~을 시작하다'라는 의미가 됩니다.

STEP 1 문장 익히기

✓ 10번 반복 체크! 1 2 3 4 5 6 7 8 9 10

10번 반복해서 큰 소리로 읽어보며 내 것으로 만듭니다.

Let's go into the restaurant before 7.
7시 전에 식당에 들어가자.

Could you go into detail?
자세히 설명해 주시겠어요?

→ 세부 사항(detail)으로 들어간다는 것이므로 '자세히 설명하다'라는 의미로 쓰입니다.

I'm planning to go into teaching.
나는 가르치는 것을 시작할 계획이야.

STEP 2 입으로 말하기

3초 안에 영어로 나오지 않는다면 다시 STEP 1에서 연습합니다.

- 7시 전에 식당에 들어가자.
- 자세히 설명해 주시겠어요?
- 나는 가르치는 것을 시작할 계획이야.

STEP 3 실전 대화에서 연습하기

학습한 문장을 활용해 실전 대화 연습을 해 봅시다.

A Have you decided what you are going to do after graduation?

B Yeah, sort of. I think I might go into teaching .

A Really? Can you find a job as a teacher?

B I don't have experience, so it might be difficult. I will try my best.

A 졸업 후에 무엇을 할지 결정했어?

B 응, 약간. 가르치는 일을 시작해 보려고.

A 정말? 선생님으로 취업을 할 수 있는 거야?

B 경험이 없어서 어렵기는 할 거야. 최선을 다하려고.

DAY
013
go away
1. 멀리 떠나다
2. 사라지다
그녀는 항상
여름 휴가를 위해 멀리
떠난다.

away는 멀어져 사라지는 의미를 가집니다. 동사 go와 함께 쓰이면 멀리 사라져 (away) 가는(go) 것이므로 **go away**는 '멀리 떠나다, 사라지다'라는 의미로 쓰입니다.

STEP 1 문장 익히기

✓ 10번 반복 체크! 1 2 3 4 5 6 7 8 9 10

10번 반복해서 큰 소리로 읽어보며 내 것으로 만듭니다.

Don't go away, don't leave me alone.
떠나가지 마, 날 혼자 놔두지 마.

She always goes away for her summer vacation.
그녀는 항상 여름 휴가를 위해 멀리 떠난다.

I really missed him when he went away for his vacation.
그가 휴가로 멀리 떠나갔을 때 나는 그가 정말 그리웠다.

STEP 2 입으로 말하기

3초 안에 영어로 나오지 않는다면 다시 STEP 1에서 연습합니다.

- 떠나가지 마, 날 혼자 놔두지 마.
- 그녀는 항상 여름 휴가를 위해 멀리 떠난다.
- 그가 휴가로 멀리 떠나갔을 때 나는 그가 정말 그리웠다.

STEP 3 실전 대화에서 연습하기

학습한 문장을 활용해 실전 대화 연습을 해 봅시다.

A I have some exciting news! I'm going away this winter!
B Wow! Where are you going?
A I'm traveling to New York.
B Yeah! That's wonderful!

A 나한테 신나는 일이 있어!! 나 이번 겨울에 멀리 떠날 거야!!
B 와! 어디로 가는데?
A 나 뉴욕에 여행 갈 거야.
B 그래! 정말 잘됐다!

Speak Out!

A 한글의 의미에 맞게 큰 소리로 말해봅시다!

❶ 나는 일주일에 세 번 학교에 갑니다.

❷ 나는 가끔 친구랑 점심을 먹으러 나간다.

❸ 그는 그의 친구들과 함께 극장에 갔다.

❹ 신발이랑 양말이랑 잘 어울려.

❺ 오늘 일 끝나고 술 한잔하러 가자.

❻ 그냥 해봐!

❼ 젊은 시절로 돌아가고 싶어.

❽ 7시 전에 식당에 들어가자.

❾ 자세히 설명해 주시겠어요?

❿ 떠나가지 마, 날 혼자 놔두지 마.

이렇게 말하면 돼요!

❶ I go to school three times a week.
❷ I sometimes go out with a friend of mine for lunch.
❸ He went with his friends to the cinema.
❹ Your shoes go with your socks.
❺ Let's go for a drink after work today.
❻ Go for it!
❼ I want to go back to my youth.
❽ Let's go into the restaurant before 7.
❾ Could you go into detail?
❿ Don't go away, don't leave me alone.

B 실생활에서 바로 써먹기

A ❶ ________________
나랑 데이트할래요?

B Wow, seriously? I'd love to. When?
와, 정말요? 너무 좋아요. 언제요?

A ❷ ________________
이 색깔 나랑 잘 어울리는 것 같아?

B Hmmm. Why don't you try another one?
음, 다른 걸 해 보는 건 어떨까?

A Why would you like to go to Hawaii?
왜 하와이에 가고 싶은데?

B ❸ ________________
사람들이 멋진 날씨 때문에 거기에 가잖아.

A I didn't enjoy the food much.
음식을 그다지 즐기진 못한 것 같아.

B ❹ ________________
거기 다시 가지 말았으면 해.

A Have you decided what you are going to do after graduation?
졸업 후에 무엇을 할지 결정했어?

B Yeah, sort of. ❺ ________________
응, 약간. 가르치는 일을 시작해 보려고.

이렇게 말하면 돼요!

❶ Would you like to go out with me?
❷ Does this color go with me well?
❸ People go there for the great weather.
❹ We shouldn't go back there again.
❺ I think I might go into teaching.

Bring

무언가를 가지고 혹은 데리고 올 때,

bring

DAY
014
bring in
1. ~을 가지고 들어오다
2. ~을 데리고 들어오다
그녀는 어제 유기견을 데리고 왔다.

전치사 in은 안에 있는 상태와 밖에서 안으로 오는 모든 상황을 뜻할 수 있습니다. bring은 무언가 혹은 누군가를 데리고 온다는 의미이므로 in과 같이 쓰여 **bring in**은 '~을 가지고 들어오다, ~을 데리고 들어오다'라는 의미로 쓰입니다.

STEP 1 문장 익히기

✓ 10번 반복 체크! 1 2 3 4 5 6 7 8 9 10

10번 반복해서 큰 소리로 읽어보며 내 것으로 만듭니다.

Don't bring food in the classroom.
교실에 음식을 가지고 오지 마세요.

She brought in an abandoned dog yesterday.
그녀는 어제 유기견을 데리고 왔다.

My husband brings in more money than I do.
남편은 나보다 더 많은 돈을 벌어온다.

STEP 2 입으로 말하기

3초 안에 영어로 나오지 않는다면 다시 STEP 1에서 연습합니다.

- 교실에 음식을 가지고 오지 마세요.
- 그녀는 어제 유기견을 데리고 왔다.
- 남편은 나보다 더 많은 돈을 벌어온다.

STEP 3 실전 대화에서 연습하기

학습한 문장을 활용해 실전 대화 연습을 해 봅시다.

A Are you ready for the job interview tomorrow?

B Well, not really. I am so nervous now.

A Don't worry. You will nail it! Don't forget to bring in your ID though.

B Oh, you are right! I almost forgot about that. Thanks.

A 내일 취업 면접 준비됐어?

B 글쎄, 그다지. 나 지금 너무 긴장돼.

A 걱정 마, 잘 해낼 거야. 너 신분증 가지고 오는 것 잊지 말고.

B 오, 맞다! 하마터면 잊을 뻔했어. 고마워.

tip! You will nail it!은 '잘 해낼 거야'라는 의미로 You nailed it. '해냈구나.' I nailed it. '해냈어.' 등과 함께 많이 사용하는 회화 표현입니다.

DAY 015

bring back

1. ~을 돌려주다
2. (오는 길에) ~을 가지고 돌아오다
3. ~을 생각나게 하다

오는 길에 커피 한 잔 사다 주겠어요?

back은 원래의 자리로 돌아간다는 의미를 가지고 있기 때문에 '가지고 오다'라는 의미의 bring과 함께 쓰여 **bring back**은 '~을 돌려주다'라는 의미가 있고 '돌아오는 길에 ~을 가지고 오거나 사 오다'는 의미로도 쓰입니다. 또한 기억을 다시 가지고 오는 느낌으로 '~을 다시 생각나게 하다'라는 의미로도 쓰입니다.

✓ 10번 반복 체크! 1 2 3 4 5 6 7 8 9 10

10번 반복해서 큰 소리로 읽어보며 내 것으로 만듭니다.

Bring my pen back when you are done with it.
그거 다 하고 나서 내 펜 돌려줘.

Can you bring back a coffee (for me)?
오는 길에 커피 한 잔 사다 주겠어요?

'for+사람'을 쓰면 누구를 위한 부탁의 의미가 더 강조됩니다.

This picture brings back memories of my first love.
이 사진은 내 첫사랑의 추억을 생각나게 한다.

STEP 2 입으로 말하기

3초 안에 영어로 나오지 않는다면 다시 STEP 1에서 연습합니다.

- 그거 다 하고 나서 내 펜 돌려줘.
- 오는 길에 커피 한 잔 사다 주겠어요?
- 이 사진은 내 첫사랑의 추억을 생각나게 한다.

STEP 3 실전 대화에서 연습하기

학습한 문장을 활용해 실전 대화 연습을 해 봅시다.

A I'm going out. Do you need anything?

B Oh, can you bring me back a sandwich? I am kind of hungry now.

A Sure, I'll be back in 20 minutes.

B Thanks a lot.

A 나 나가는데, 뭐 필요한 거 있어?

B 오, 샌드위치 좀 사다 줄래? 나 지금 배가 좀 고파서.

A 알았어. 20분 뒤에 돌아올 거야.

B 고마워.

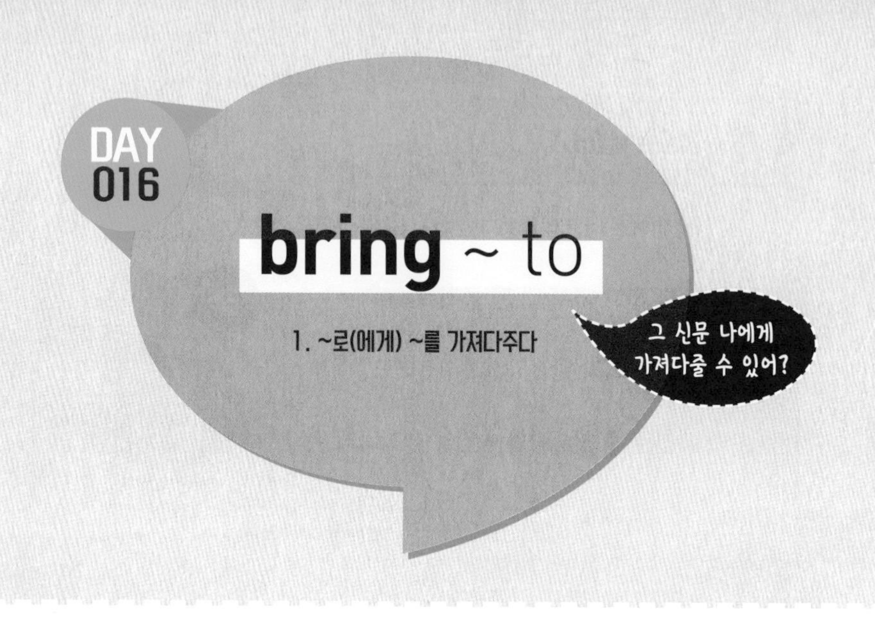
DAY
016
bring ~ to
1. ~로(에게) ~를 가져다주다
그 신문 나에게
가져다줄 수 있어?

전치사 to는 '~로, ~에'라는 이동과 방향의 의미가 있으므로 보통 bring과 함께 **bring A to B** 형태로 쓰여 'A를 B로(에게) 가져다주다'라는 의미로 쓰입니다.

STEP 1 문장 익히기

✓ 10번 반복 체크! 1 2 3 4 5 6 7 8 9 10

10번 반복해서 큰 소리로 읽어보며 내 것으로 만듭니다.

Can you bring the file to my office?
그 파일 내 사무실로 가져다줄 수 있어?

Can you bring that newspaper to me?
그 신문 나에게 가져다줄 수 있어?

Thank you for bringing that issue to my attention.
그 문제에 대해 알게 해줘서 감사합니다.

STEP 2 입으로 말하기

3초 안에 영어로 나오지 않는다면 다시 STEP 1에서 연습합니다.

- 그 파일 내 사무실로 가져다줄 수 있어?
- 그 신문 나에게 가져다줄 수 있어?
- 그 문제에 대해 알게 해줘서 감사합니다.

STEP 3 실전 대화에서 연습하기

학습한 문장을 활용해 실전 대화 연습을 해 봅시다.

A What can you bring to the table?

B I will bring a strong work ethic to your team.

A Good. Do you have any questions for us?

B No sir. If I get this job, I'll do my best.

A 우리 회사를 위해 무엇을 할 수 있나요?

B 강한 직업관을 팀에게 보여줄 수 있습니다.

A 좋아요. 저희에게 질문이 있나요?

B 없습니다. 만약 일하게 된다면 최선을 다하겠습니다.

tip! bring to the table은 '기여하다'라는 의미로 자주 쓰이는 관용표현입니다.

DAY 017

bring out

1. ~을 발표[출간]하다
2. ~을 눈에 띄게 하다
3. ~을 끌어내다

그는 다음 달에 신곡을 발표할 것이다.

out은 안에 있던 것이 밖으로 나오는 상황에서 사용되고 bring은 가지고 오는 의미이므로 안에 있는 무언가를 혹은 누군가를 밖으로 나오게 하는 의미이므로 **bring out**은 '~가지고 나오다, ~을 발표[출간]하다, ~을 끌어내다' 혹은 안에 숨어 있다가 밖으로 나와 눈에 잘 띄는 의미로 '~을 눈에 띄게 하다, ~을 두드러지게 하다'라는 의미로 쓰입니다.

✓ 10번 반복 체크! 1 2 3 4 5 6 7 8 9 10

10번 반복해서 큰 소리로 읽어보며 내 것으로 만듭니다.

The publisher is bringing out a new book.
그 출판사는 새 책을 출간할 거야.

He's bringing out a new song next month.
그는 다음 달에 신곡을 발표할 것이다.

That necklace brings out the color of your eyes.
그 목걸이 덕분에 네 눈 색깔이 두드러지게 보여.

STEP 2 입으로 말하기

3초 안에 영어로 나오지 않는다면 다시 STEP 1에서 연습합니다.

- 그 출판사는 새 책을 출간할 거야.
- 그는 다음 달에 신곡을 발표할 것이다.
- 그 목걸이 덕분에 네 눈 색깔이 두드러지게 보여.

STEP 3 실전 대화에서 연습하기

학습한 문장을 활용해 실전 대화 연습을 해 봅시다.

A Did you hear about White's new song?
B What? This is the first I'm hearing of it.
A I've heard they are bringing out an album next spring.
B Wow, I can't wait to hear their new songs.

A White의 새 노래에 대해 들었어?
B 뭔데? 처음 들어 보는데.
A 내년 봄에 새 앨범이 나온대.
B 와, 신곡을 빨리 듣고 싶어.

tip! can't wait는 '~을 기다릴 수 없다, 빨리 ~하고 싶다'라는 의미로 무언가를 빨리하고 싶거나 누군가를 빨리 만나고 싶을 때 자주 사용하는 회화 표현입니다.

DAY
018
bring up
1. (화제를) 꺼내다
2. ~를 불러일으키다
월급 이야기를
꺼내는 건 무례한
일이다.

up은 위로 올라가는 것을 의미하는데 '가지고 오다, 데려오다'라는 동사 bring과 함께 쓰이면 어떤 기준의 상황에서 (표면) 위로 올라가는 것이므로 **bring up**은 '~를 불러일으키다, 어떠한 화제를 꺼내다'라는 의미가 됩니다.

STEP 1 문장 익히기

✓ 10번 반복 체크! 1 2 3 4 5 6 7 8 9 10

10번 반복해서 큰 소리로 읽어보며 내 것으로 만듭니다.

Don't bring up work tonight at dinner.
오늘 저녁 식사 시간에 일 이야기는 꺼내지 마.

It's impolite to bring up the topic of salary.
월급 이야기를 꺼내는 건 무례한 일이다.

She always brings up the past.
그녀는 항상 과거 이야기를 꺼낸다.

STEP 2 입으로 말하기

3초 안에 영어로 나오지 않는다면 다시 STEP 1에서 연습합니다.

- 오늘 저녁 식사 시간에 일 이야기는 꺼내지 마.
- 월급 이야기를 꺼내는 건 무례한 일이다.
- 그녀는 항상 과거 이야기를 꺼낸다.

STEP 3 실전 대화에서 연습하기

학습한 문장을 활용해 실전 대화 연습을 해 봅시다.

A Honey, I didn't want to bring this topic up.
B It's okay. What is it?
A I think we need to redecorate the living room.
B What did you have in mind?

A 자기야, 이 이야기를 꺼내고 싶지는 않았지만.
B 괜찮아. 뭔데?
A 우리 거실을 다시 꾸며야 할 것 같아.
B 어떻게 했으면 하는데?

DAY
019
bring down
1. 내리다
2. 낮추다
나는 사과나무에 있는
사과를 따 왔다.

down은 아래로 내려가는 의미이고 bring은 무언가를 '가지고 오다, 데리고 오다'는 의미이므로 **bring down**은 '내리다, 낮추다'라는 의미입니다.

STEP 1 문장 익히기

✓ 10번 반복 체크! 1 2 3 4 5 6 7 8 9 10

10번 반복해서 큰 소리로 읽어보며 내 것으로 만듭니다.

They've brought down the price of smartphones.
그들은 스마트 폰의 가격을 낮추었다.

I brought down the apple from the tree.
나는 사과나무에 있는 사과를 따 왔다.

The news of her illness brought him down.
그녀의 아픈 소식은 그를 힘들게 했다.

STEP 2 입으로 말하기

3초 안에 영어로 나오지 않는다면 다시 STEP 1에서 연습합니다.

- 그들은 스마트 폰의 가격을 낮추었다.
- 나는 사과나무에 있는 사과를 따 왔다.
- 그녀의 아픈 소식은 그를 힘들게 했다.

STEP 3 실전 대화에서 연습하기

학습한 문장을 활용해 실전 대화 연습을 해 봅시다.

A I wonder when they are going to bring down the price of that new laptop.

B Why are you interested in a laptop suddenly?

A I want to buy a new one.

B Wow, good for you.

A 언제쯤 저 새로 나온 노트북 가격이 내려갈지 궁금해.

B 갑자기 노트북은 왜?

A 새것 하나 사고 싶어서.

B 와, 좋겠다.

Speak Out!

A 한글의 의미에 맞게 큰 소리로 말해봅시다!

❶ 교실에 음식을 가지고 오지 마세요.

❷ 남편은 나보다 더 많은 돈을 벌어온다.

❸ 그거 다 하고 나서 내 펜 돌려줘.

❹ 이 사진은 내 첫사랑의 추억을 생각나게 한다.

❺ 그 파일 내 사무실로 가져다줄 수 있어?

❻ 그 출판사는 새 책을 출간할 거야.

❼ 그 목걸이 덕분에 네 눈 색깔이 두드러지게 보여.

❽ 월급 이야기를 꺼내는 건 무례한 일이다.

❾ 그녀는 항상 과거 이야기를 꺼낸다.

❿ 나는 사과나무에 있는 사과를 따 왔다.

이렇게 말하면 돼요!

❶ Don't bring food in the classroom.
❷ My husband brings in more money than I do.
❸ Bring my pen back when you are done with it.
❹ This picture brings back memories of my first love.
❺ Can you bring the file to my office?
❻ The publisher is bringing out a new book.
❼ That necklace brings out the color of your eyes.
❽ It's impolite to bring up the topic of salary.
❾ She always brings up the past.
❿ I brought down the apple from the tree.

B 실생활에서 바로 써먹기

A ❶ ________________
너 신분증 가지고 오는 거 잊지 마.

B Oh, you are right! I almost forgot about that. Thanks.
오, 맞다! 하마터면 잊을 뻔했어. 고마워.

A I'm going out. Do you need anything?
나 나가는데, 뭐 필요한 거 있어?

B Oh, ❷ ________________ I am kind of hungry now.
오, 샌드위치 좀 사다 줄래? 나 지금 배가 좀 고파서.

A ❸ ________________
우리 회사를 위해 무엇을 할 수 있나요?

B I will bring a strong work ethic to your team.
강한 직업관을 팀에게 보여줄 수 있습니다.

A ❹ ________________
내년 봄에 그들의 새 앨범이 나온대.

B Wow, I can't wait to hear their new songs.
와, 신곡을 빨리 듣고 싶어.

A Honey, ❺ ________________
자기야, 이 이야기를 꺼내고 싶지는 않았지만.

B It's okay. What is it?
괜찮아. 뭔데?

이렇게 말하면 돼요!

❶ Don't forget to bring in your ID.
❷ can you bring me back a sandwich?
❸ What can you bring to the table?
❹ I've heard they are bringing out an album next spring.
❺ I didn't want to bring this topic up.

Put

어디에 무엇을 놓는지에
따라 해석이 다른 놓다

put

DAY
020
put off
1. 미루다, 연기하다
2. 취소하다
숙제가
있지만 나중으로
미룰 수 있어.

off는 접촉되어 있던 on 상태에서 끊어지는 상태이기 때문에 진행되던 것이 중단되거나 붙어있던 것이 떨어져 나가는 것을 의미합니다. 따라서 무언가가 놓여 있는 상태(put)에서 끊어진다(off)고 보면 됩니다. 그래서 **put off**는 하던 것을 '미루다, 취소하다'의 의미가 됩니다.

STEP 1 문장 익히기

✓ 10번 반복 체크! 1 2 3 4 5 6 7 8 9 10

10번 반복해서 큰 소리로 읽어보며 내 것으로 만듭니다.

I have some homework, but I can put it off until later.
숙제가 있지만 나중으로 미룰 수 있어.

We should put the wedding off until next summer.
우리는 결혼식을 내년 여름까지 미뤄야 해.

The meeting has been put off for a month.
그 회의는 한 달간 미뤄졌다.

STEP 2 입으로 말하기

3초 안에 영어로 나오지 않는다면 다시 STEP 1에서 연습합니다.

- 숙제가 있지만 나중으로 미룰 수 있어.
- 우리는 결혼식을 내년 여름까지 미뤄야 해.
- 그 회의는 한 달간 미뤄졌다.

STEP 3 실전 대화에서 연습하기

학습한 문장을 활용해 실전 대화 연습을 해 봅시다.

A You know what? There is one thing that I hate about myself.

B What is it?

A I always seem to put off everything until the last minute.

B Oh, that. Me too. I feel the same way.

A 있잖아, 난 나 자신에 대해 정말 싫은 게 하나 있어.

B 그게 뭔데?

A 난 항상 모든 일을 마지막 순간까지 미루는 것 같아.

B 오, 그거. 나도 그래. 나도 같은 생각이야.

DAY
021
put down
1. 내려놓다
2. (이름 등을) 적다
3. 깎아 내리다
명단에 제 이름을
적어 주시겠어요?

down은 무언가를 아래로 내려놓는 의미로 동사 put과 함께 쓰이면 '무언가를 아래로 놓다'라는 의미가 됩니다. 따라서 **put down**은 '내려놓다' 또는 이름 등을 '적다'라는 의미로 쓰이고 사람을 다른 사람 앞에서 put down하면 그 사람을 아래로 놓는 것이니 '~를 깎아내리다'라는 의미로 사용되기도 합니다.

STEP 1 문장 익히기

✓ 10번 반복 체크! 1 2 3 4 5 6 7 8 9 10

10번 반복해서 큰 소리로 읽어보며 내 것으로 만듭니다.

Why don't you put your bag down?
가방을 내려놓지 그래요?

Don't put your jacket down on the dirty floor!
재킷을 더러운 바닥에 놔두지 마!

Will you put my name down on the list?
명단에 제 이름을 적어 주시겠어요?

STEP 2 입으로 말하기

3초 안에 영어로 나오지 않는다면 다시 STEP 1에서 연습합니다.

- 가방을 내려놓지 그래요?
- 재킷을 더러운 바닥에 놔두지 마!
- 명단에 제 이름을 적어 주시겠어요?

STEP 3 실전 대화에서 연습하기

학습한 문장을 활용해 실전 대화 연습을 해 봅시다.

A I'd like to decorate our dinner table.
B Can we put some candles down on the table?
A That sounds wonderful.
B Let's get them.

A 저녁 식사 테이블을 장식하고 싶어.
B 테이블에 초를 놓아 볼까?
A 멋진 생각이야.
B 초 가지러 가자.

DAY 022

put on

1. (옷, 장갑 등을) 입다, 착용하다
2. (화장을) 하다
3. (향수를) 뿌리다

그녀는 화장하지 않고 집을 나섰다.

전치사 on은 '접촉'과 동시에 '진행'의 의미이고 put은 '놓다'라는 의미이므로 몸에 무언가를 접촉해 놓는다는 의미로 **put on**은 '(옷을) 입다, (화장품 등을) 바르다, (모자를) 쓰다, (장갑을) 끼다, (양말을) 신다, (목도리를) 하다' 등 몸에 무언가를 착용한다는 의미입니다.

✓ 10번 반복 체크! 1 2 3 4 5 6 7 8 9 10

10번 반복해서 큰 소리로 읽어보며 내 것으로 만듭니다.

I should put on comfortable clothes.
나는 편안한 옷을 입는 게 낫겠다.

She puts on her leather gloves in winter.
그녀는 겨울이면 가죽 장갑을 낀다.

She left her house without putting on makeup.
그녀는 화장하지 않고 집을 나섰다.

STEP 2 입으로 말하기

3초 안에 영어로 나오지 않는다면 다시 STEP 1에서 연습합니다.

- 나는 편안한 옷을 입는 게 낫겠다.
- 그녀는 겨울이면 가죽 장갑을 낀다.
- 그녀는 화장하지 않고 집을 나섰다.

STEP 3 실전 대화에서 연습하기

학습한 문장을 활용해 실전 대화 연습을 해 봅시다.

A Can you go out without putting on makeup?

B No way. I've never done that. What about you?

A Me neither. I don't feel confident without putting on makeup.

B That's what I'm talking about.

A 너 화장 안 하고 외출할 수 있어?

B 절대 안 되지. 한 번도 그런 적 없어. 넌?

A 나도 그런 적 없어. 화장을 안 하면 자신감이 없어.

B 내 말이 그 말이지.

DAY
023
put back
1. 다시 제자리에 갖다 놓다
그는 항상 물건들을 제자리에 갖다 놓는 것을 잊는다.

back은 다시 돌아가는 의미로 '놓다'는 의미의 동사 put과 함께 쓰여 **put back**은 '다시 제자리에 갖다 놓다'라는 의미입니다.

STEP 1 문장 익히기

✓ 10번 반복 체크! 1 2 3 4 5 6 7 8 9 10

10번 반복해서 큰 소리로 읽어보며 내 것으로 만듭니다.

Put my pen back on my desk.
내 펜을 책상 위에 도로 갖다 놔.

Please put my book back on the shelf.
내 책을 선반에 도로 갖다 놔주세요.

He always forgets to put things back.
그는 항상 물건들을 제자리에 갖다 놓는 것을 잊는다.

STEP 2 입으로 말하기

3초 안에 영어로 나오지 않는다면 다시 STEP 1에서 연습합니다.

- 내 팬을 책상 위에 도로 갖다 놔.
- 내 책을 선반에 도로 갖다 놔주세요.
- 그는 항상 물건들을 제자리에 갖다 놓는 것을 잊는다.

STEP 3 실전 대화에서 연습하기

학습한 문장을 활용해 실전 대화 연습을 해 봅시다.

A Honey, this steak looks so nice.
B Yeah, it really does. How much is it?
A Here, look at the price.
B That's way too expensive! Put it back!

A 자기야, 이 스테이크 맛있어 보여.
B 응, 정말 그러네. 얼마야?
A 여기, 가격을 봐.
B 너무 비싸다! 도로 갖다 놔!

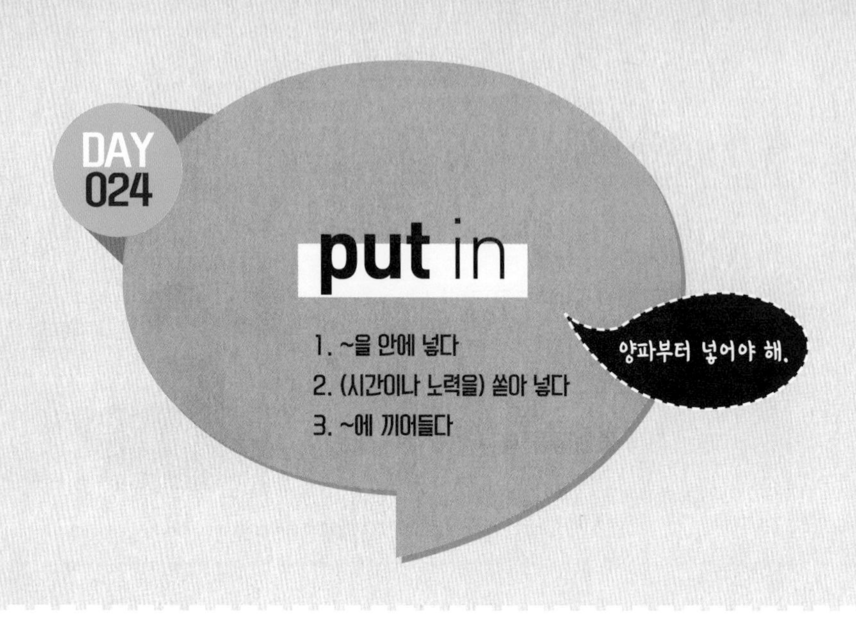
DAY
024
put in
1. ~을 안에 넣다
2. (시간이나 노력을) 쏟아 넣다
3. ~에 끼어들다
양파부터 넣어야 해.

in은 공간, 시간과 같은 모든 상황의 안에 있는 것을 의미합니다. put은 '놓다'이고 in은 '그 상황, 시간, 공간 안에 들어가는 것'이니 **put in**은 '~을 안에 넣다, (시간이나 노력을) 쏟아 넣다, (상황에) 끼어들다'의 의미가 됩니다.

STEP 1 문장 익히기

✓ 10번 반복 체크! 1 2 3 4 5 6 7 8 9 10

10번 반복해서 큰 소리로 읽어보며 내 것으로 만듭니다.

Put the dishes in the cupboard.
그릇들을 찬장 안에 넣어 두세요.

You need to put in onions first.
양파부터 넣어야 해.

I put some extra time in at the office.
사무실에서 추가로 일을 했다.

STEP 2 입으로 말하기

3초 안에 영어로 나오지 않는다면 다시 STEP 1에서 연습합니다.

- 그릇들을 찬장 안에 넣어 두세요.
- 양파부터 넣어야 해.
- 사무실에서 추가로 일을 했다.

STEP 3 실전 대화에서 연습하기

학습한 문장을 활용해 실전 대화 연습을 해 봅시다.

(회사에서 잘나가는 직장 동료에 관한 대화)

A Josh does work hard. Did you see him?

B Yeah, I know what you are talking about. He puts a lot of time in at his office.

A I hope he can put in a good word for me.

B What for?

A Josh는 정말 열심히 일한다. 걔 봤어?

B 응, 무슨 말 하는지 알겠어. 걔는 사무실에서 많은 시간을 쏟아부어.

A 걔가 내 얘기 좀 잘 해줬으면 좋겠다.

B 뭐하러?

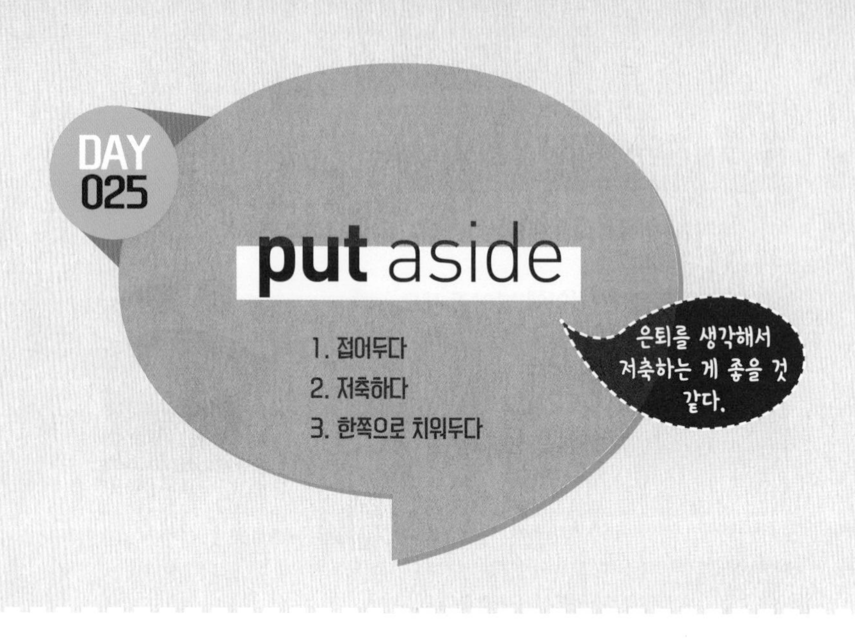
DAY
025
put aside
1. 접어두다
2. 저축하다
3. 한쪽으로 치워두다
은퇴를 생각해서
저축하는 게 좋을 것
같다.

aside는 옆에 두는 것을 의미합니다. 그래서 옆에(aside) 놓다(put)는 뜻으로 어떤 상황에서 그것을 진행하지 않고 옆에 두게 되는 상황이어서 **put aside**는 '접어두다, 한쪽으로 치워 두다'라는 의미이고 돈을 안 쓰고 옆에 두게 되면 '저축하다'는 의미가 됩니다.

STEP 1 문장 익히기

✓ 10번 반복 체크! 1 2 3 4 5 6 7 8 9 10

10번 반복해서 큰 소리로 읽어보며 내 것으로 만듭니다.

Let's put aside our differences.
우리의 차이점은 접어두자.

I should put aside my worries.
걱정거리를 접어 둬야겠어.

You should put some money aside for retirement.
은퇴를 생각해서 저축하는 게 좋을 것 같다.

STEP 2 입으로 말하기

3초 안에 영어로 나오지 않는다면 다시 STEP 1에서 연습합니다.

- 우리의 차이점은 접어두자.
- 걱정거리를 접어 둬야겠어.
- 은퇴를 생각해서 저축하는 게 좋을 것 같다.

STEP 3 실전 대화에서 연습하기

학습한 문장을 활용해 실전 대화 연습을 해 봅시다.

A I put some money aside for a special occasion.
B What's the occasion?
A Our one-year anniversary of course.
B Oh, you are so sweet. You are the best.

A 내가 특별한 날을 위해서 돈을 저축해 놨어.
B 무슨 특별한 날인데?
A 당연히 우리의 1주년 기념일이지.
B 오, 자기 너무 멋져. 자기가 최고야.

Speak Out!

A 한글의 의미에 맞게 큰 소리로 말해봅시다!

❶ 우리는 결혼식을 내년 여름까지 미뤄야 해.

❷ 그 회의는 한 달간 미뤄졌다.

❸ 가방을 내려놓지 그래요?

❹ 재킷을 더러운 바닥에 놔두지 마!

❺ 나는 편안한 옷을 입는 게 낫겠다.

❻ 그녀는 겨울이면 가죽 장갑을 낀다.

❼ 내 책을 선반에 도로 갖다 놔주세요.

❽ 그는 항상 물건들을 제자리에 갖다 놓는 것을 잊는다.

❾ 그릇들을 찬장 안에 넣어 두세요.

❿ 걱정거리를 접어 둬야겠어.

이렇게 말하면 돼요!

❶ We should put the wedding off until next summer.
❷ The meeting has been put off for a month.
❸ Why don't you put your bag down?
❹ Don't put your jacket down on the dirty floor!
❺ I should put on comfortable clothes.
❻ She puts on her leather gloves in winter.
❼ Please put my book back on the shelf.
❽ He always forgets to put things back.
❾ Put the dishes in the cupboard.
❿ I should put aside my worries.

B 실생활에서 바로 써먹기

A I'd like to decorate our dinner table.
저녁 식사 테이블을 장식하고 싶어.

B ❶ ________________
테이블에 초를 놓아 볼까?

A ❷ ________________
너 화장 안 하고 외출할 수 있어?

B No way. I've never done that.
절대 안 되지. 한 번도 그런 적 없어.

A Here, look at the price.
여기, 가격을 봐.

B That's way too expensive! ❸ ________________
너무 비싸다! 도로 갖다 놔!

A Josh does work hard. Did you see him?
Josh는 정말 열심히 일한다. 걔 봤어?

B Yeah, ❹ ________________
응, 걔는 사무실에서 많은 시간을 쏟아부어.

A ❺ ________________
내가 특별한 날을 위해서 돈을 저축해 놨어.

B What's the occasion?
무슨 특별한 날인데?

이렇게 말하면 돼요!

❶ Can we put some candles down on the table?
❷ Can you go out without putting on makeup?
❸ Put it back!
❹ He puts a lot of time in at his office.
❺ I put some money aside for a special occasion.

Try

어떤 행위를 구체적으로 하려고 할 땐, try

DAY
026
try out
1. 테스트해 보다
새 어플을
테스트해 보았다.

out은 '밖으로' 나가는 상황, 상태를 나타냅니다. try는 '시도하다'라는 의미로 무언가를 시도해 그 결과가 '밖으로' 드러나는 것을 나타내므로 **try out**은 '테스트해 보다'라는 의미가 됩니다.

STEP 1 문장 익히기

✓ 10번 반복 체크! 1 2 3 4 5 6 7 8 9 10

10번 반복해서 큰 소리로 읽어보며 내 것으로 만듭니다.

I tried out that new phone app.
새 어플을 테스트해 보았다.

You can try out for the soccer team.
너 그 축구 팀에 도전해 봐도 돼.

That actor tried out for many roles.
저 배우는 수많은 역에 도전해 보았다.

STEP 2 입으로 말하기

3초 안에 영어로 나오지 않는다면 다시 STEP 1에서 연습합니다.

- 새 어플을 테스트해 보았다.
- 너 그 축구 팀에 도전해 봐도 돼.
- 저 배우는 수많은 역에 도전해 보았다.

STEP 3 실전 대화에서 연습하기

학습한 문장을 활용해 실전 대화 연습을 해 봅시다.

A Did you see this?

B What's it about?

A You can try this laptop out for 3 months, and if you don't like it, you can return it for a full refund.

B Wow. That is a really good guarantee!

A 이거 봤어?

B 무엇에 관한 건데?

A 이 노트북을 석 달 동안 사용해 보고 만약 마음에 들지 않으면 전액 환불을 받을 수 있대.

B 와, 그거 정말 좋은 보장 조건이다!

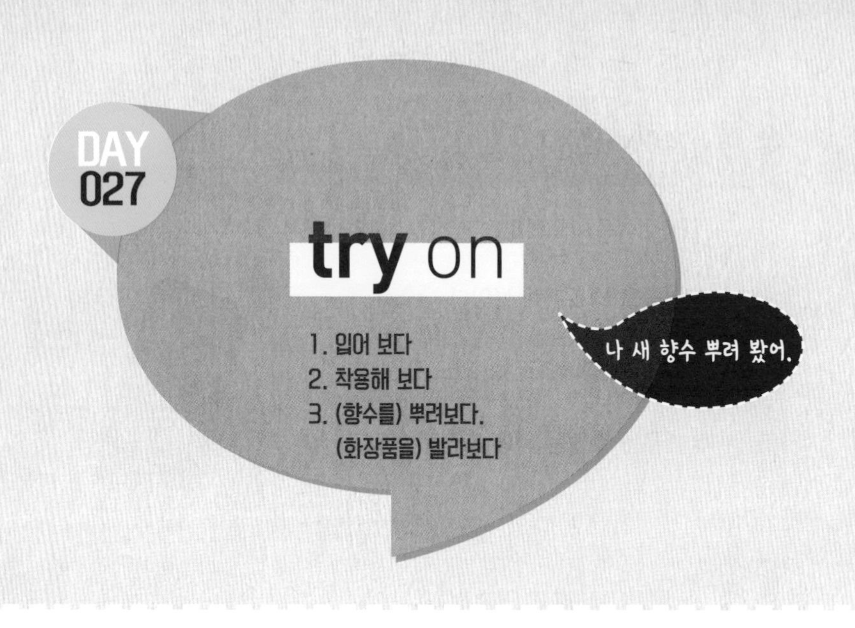
DAY
027
try on
1. 입어 보다
2. 착용해 보다
3. (향수를) 뿌려보다.
(화장품을) 발라보다
나 새 향수 뿌려 봤어.

전치사 on은 '접촉'의 의미가 있습니다. 그래서 시도(try)하는 것들이 모두 내 몸에 접촉되는 상태인 것이죠. 그래서 **try on**은 접촉해서 시도해 보는 '옷을 입어 보다, 착용해 보다, 향수를 뿌려 보다, 화장품을 발라 보다' 등의 의미가 됩니다.

STEP 1 문장 익히기

✓ 10번 반복 체크! 1 2 3 4 5 6 7 8 9 10

10번 반복해서 큰 소리로 읽어보며 내 것으로 만듭니다.

May I try those sunglasses on?
저 선글라스 착용해 봐도 되나요?

I tried on comfortable shoes.
편안한 신발을 신어 보았다.

I am trying on some new perfume.
나 새 향수 뿌려 봤어.

STEP 2 입으로 말하기

3초 안에 영어로 나오지 않는다면 다시 STEP 1에서 연습합니다.

- 저 선글라스 착용해 봐도 되나요?
- 편안한 신발을 신어 보았다.
- 나 새 향수 뿌려 봤어.

STEP 3 실전 대화에서 연습하기

학습한 문장을 활용해 실전 대화 연습을 해 봅시다.

A I'm looking for new clothing on this Web site.

B You buy clothes online? Aren't you worried about if they fit?

A Well, I know my size well, so I'm not worried about it.

B Not me. I always have to try clothes on before I buy them.

A 난 이 웹 사이트에서 새로 나온 옷을 보고 있어.

B 너 온라인에서 옷을 사? 옷이 맞을지 안 맞을지 걱정 안 돼?

A 난 내 사이즈를 잘 알아서 걱정 안 해.

B 난 아니야. 난 항상 옷을 사기 전에 입어 봐야 해.

Speak Out!

A 한글의 의미에 맞게 큰 소리로 말해봅시다!

❶ 새 어플을 테스트해 보았다.

❷ 너 그 축구 팀에 도전해 봐도 돼.

❸ 저 배우는 수많은 역에 도전해 보았다.

❹ 저 선글라스 착용해 봐도 되나요?

❺ 편안한 신발을 신어 보았다.

❻ 나 새 향수 뿌려 봤어.

☆ 이렇게 말하면 돼요!

❶ I tried out that new phone app.
❷ You can try out for the soccer team.
❸ That actor tried out for many roles.
❹ May I try those sunglasses on?
❺ I tried on comfortable shoes.
❻ I am trying on some new perfume.

B 실생활에서 바로 써먹기

A ❶ ________________________________
이 노트북을 석 달 동안 사용해 볼래?

B Sure.
물론.

A Do you buy clothes online?
너 온라인에서 옷을 사?

B No. ❷ ________________________________
아니. 난 항상 옷을 사기 전에 입어 봐야 해.

이렇게 말하면 돼요!

❶ Do you want to try this laptop out for 3 months?
❷ I always have to try clothes on before I buy them.

Cut

무언가를 자른다고 할 땐,

cut

DAY
028
cut back
1. 줄이다, 삭감하다
너 단 간식을
줄여야 해.

back은 예전의 상태로 돌아간다는 의미입니다. '자르다'라는 의미의 동사 cut과 함께 쓰여 숫자의 개념에서 예전의 상태로 돌아간다는 의미이고 그것은 수치가 낮아지는 것을 뜻하므로 **cut back**은 '줄이다, 삭감하다'의 의미로 사용됩니다.

STEP 1 문장 익히기

✓ 10번 반복 체크! 1 2 3 4 5 6 7 8 9 10

10번 반복해서 큰 소리로 읽어보며 내 것으로 만듭니다.

My company has to cut back on expenses.
우리 회사는 비용을 줄여야 한다.

I'm trying to cut back on travel costs.
난 여행 경비를 줄이려고 노력 중이다.

You should cut back on sugary snacks.
너 단 간식을 줄여야 해.

STEP 2 입으로 말하기

3초 안에 영어로 나오지 않는다면 다시 STEP 1에서 연습합니다.

- 우리 회사는 비용을 줄여야 한다.
- 난 여행 경비를 줄이려고 노력 중이다.
- 너 단 간식을 줄여야 해.

STEP 3 실전 대화에서 연습하기

학습한 문장을 활용해 실전 대화 연습을 해 봅시다.

A What's your new year's resolution?

B You know already. I'm trying to lose weight again.

A Well, you should cut back on eating so much food then.

A Thanks for your advice.

A 새해 계획이 뭐야?

B 이미 알잖아. 나 다시 살 빼려고.

A 음, 그러려면 넌 음식 먹는 양을 줄이는 게 좋을 것 같아.

B 충고 고마워.

DAY
029
cut in
1. (대화에) 끼어들다
2. (남의 말을) 자르다
3. 새치기하다
저기요, 새치기하는
건 예의가 아니죠.

in은 어떤 공간 안에 있는 상태를 의미합니다. 어떤 공간 안에서 무언가가 진행되고 있는데 그것을 자르는 것(cut)이니 **cut in**은 '(대화에) 끼어들다, (남의 말을) 자르다, 새치기하다'라는 의미입니다.

STEP 1 문장 익히기

✓ 10번 반복 체크! 1 2 3 4 5 6 7 8 9 10

10번 반복해서 큰 소리로 읽어보며 내 것으로 만듭니다.

May I cut in this conversation?
제가 대화에 좀 끼어들어도 될까요?

He kept cutting in with his opinion.
그는 계속해서 그의 의견으로 내 말을 잘라버렸다.

Hey, it's not polite to cut in line.
저기요, 새치기하는 건 예의가 아니죠.

STEP 2 입으로 말하기

3초 안에 영어로 나오지 않는다면 다시 STEP 1에서 연습합니다.

- 제가 대화에 좀 끼어들어도 될까요?
- 그는 계속해서 그의 의견으로 내 말을 잘라버렸다.
- 저기요, 새치기하는 건 예의가 아니죠.

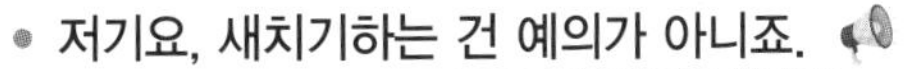

STEP 3 실전 대화에서 연습하기

학습한 문장을 활용해 실전 대화 연습을 해 봅시다.

A How was your day today?

B Oh my god. It was terrible. There was a guy who kept cutting in line.

A So, what did you do?

B Well, I went to another line to avoid him.

A 오늘 하루 어땠어?

B 세상에. 안 좋았어. 자꾸 새치기하는 남자가 있었어.

A 그래서 어떻게 했는데?

B 음, 그 사람 피하려고 다른 데 가서 줄을 섰어.

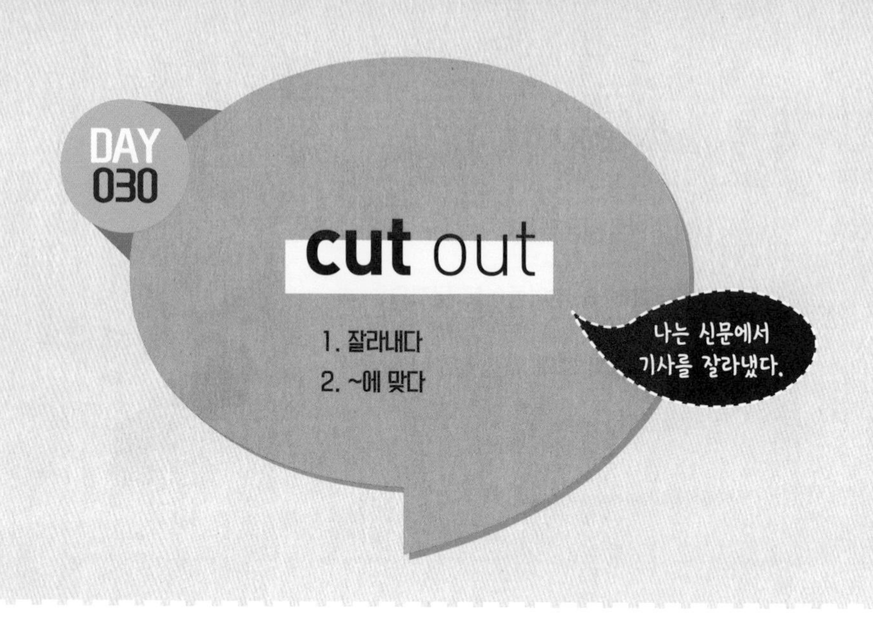
DAY
030
cut out
1. 잘라내다
2. ~에 맞다
나는 신문에서
기사를 잘라냈다.

out은 안에 있는 것을 밖으로 가지고 나오는 것을 의미하고 cut은 '자르다'는 의미이므로 잘라서(cut) 밖으로 나오게(out) 하는 것입니다. 따라서 **cut out**은 '잘라내다' 또는 자른 조각이 잘려 나간 자리와 맞는다는 의미로 '~에 맞다'라는 의미로 사용됩니다.

STEP 1 문장 익히기

✓ 10번 반복 체크! 1 2 3 4 5 6 7 8 9 10

10번 반복해서 큰 소리로 읽어보며 내 것으로 만듭니다.

I cut some beautiful pictures out of magazines.
나는 잡지에서 아름다운 그림을 잘라냈다.

I cut an article out of the newspaper.
나는 신문에서 기사를 잘라냈다.

He's not cut out for that job.
그는 그 직업에 안 맞다.

STEP 2 입으로 말하기

3초 안에 영어로 나오지 않는다면 다시 STEP 1에서 연습합니다.

- 나는 잡지에서 아름다운 그림을 잘라냈다.
- 나는 신문에서 기사를 잘라냈다.
- 그는 그 직업에 안 맞다.

STEP 3 실전 대화에서 연습하기

학습한 문장을 활용해 실전 대화 연습을 해 봅시다.

A How's Dan doing at work?

B I'm going to level with you. I think he is in trouble.

A How's that?

B He's not cut out for that job.

A Dan이 직장에서 어때?

B 솔직하게 말할게. 내 생각에 걔 지금 힘들어하는 것 같아.

A 왜?

B 그는 그 직업에 맞지 않아.

tip! 'level with'는 '~에게 다 말하다, 솔직하게 털어놓다'라는 표현입니다.

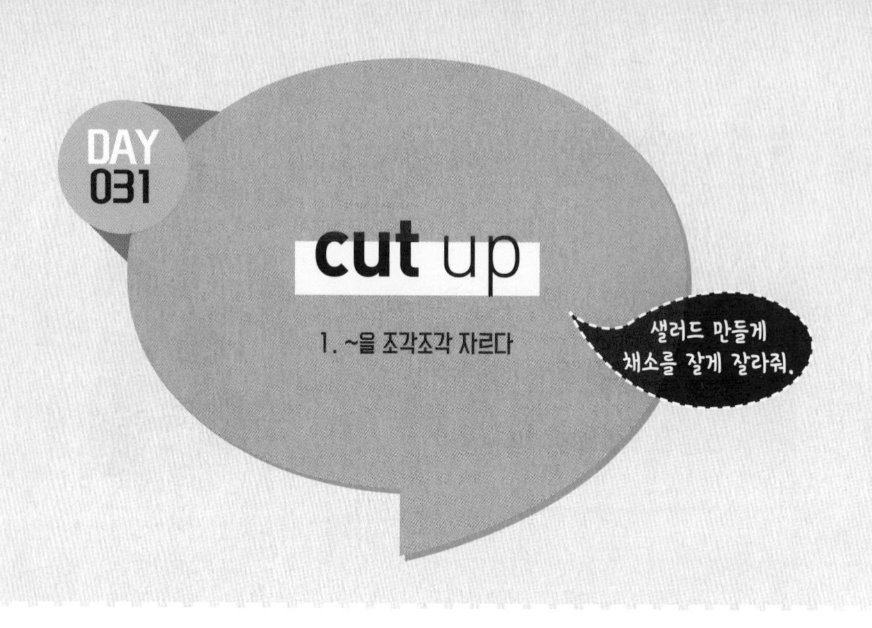
DAY
031
cut up
1. ~을 조각조각 자르다
샐러드 만들게
채소를 잘게 잘라줘.

up은 위로 상승하는 느낌으로 위로 끝까지 올라가 목적지나 정상에 도달한다는 의미입니다. 그래서 무언가를 '완전히 하다'라는 완성의 뜻이 있습니다. 자르다(cut)와 함께 쓰여 **cut up**은 완전히 작은 조각이 될 때까지 '조각조각 자르다'라는 의미로 사용됩니다.

STEP 1 문장 익히기

✓ 10번 반복 체크! 1 2 3 4 5 6 7 8 9 10

10번 반복해서 큰 소리로 읽어보며 내 것으로 만듭니다.

Cut up some vegetables for the salad.
샐러드 만들게 채소를 잘게 잘라줘.

You should cut this paper up.
종이를 조각조각 잘라야 해요.

Do you mind if I cut up this poster?
이 포스터를 잘라도 될까요?

STEP 2 입으로 말하기

3초 안에 영어로 나오지 않는다면 다시 STEP 1에서 연습합니다.

- 샐러드 만들게 채소를 잘게 잘라줘.
- 종이를 조각조각 잘라야 해요.
- 이 포스터를 잘라도 될까요?

STEP 3 실전 대화에서 연습하기

학습한 문장을 활용해 실전 대화 연습을 해 봅시다.

A I think I have a really bad habit.

B What is it?

A Whenever I get mad at someone, I cut up their pictures.

B Man, you sound crazy.

A 내 생각에 나에게 정말 나쁜 습관이 있는 것 같아.

B 뭔데?

A 누군가에게 화가 날 때면 그들의 사진을 잘라버려.

B 와, 너 정말 이상해.

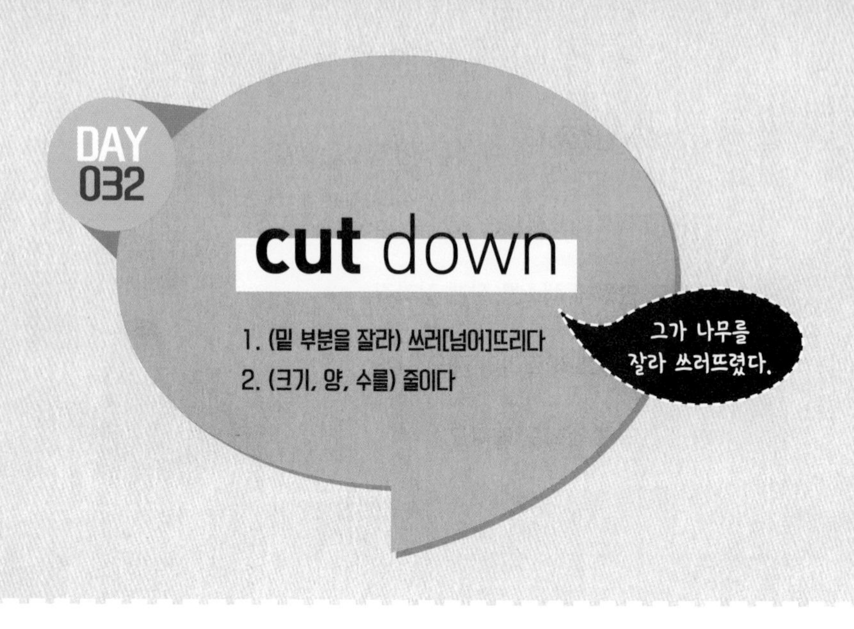
DAY
032
cut down
1. (밑 부분을 잘라) 쓰러[넘어]뜨리다
2. (크기, 양, 수를) 줄이다
그가 나무를
잘라 쓰러뜨렸다.

down은 아래에 있는 상태이거나 내려가는 것을 의미합니다. cut은 '자르다'는 의미로 잘라서 아래로 쓰러뜨리거나 수치나 상황이나 상태를 아래로 잘라내는 것이므로 **cut down**은 무언가를 '쓰러뜨리다, 줄이다'의 의미입니다.

STEP 1 문장 익히기

✓ 10번 반복 체크! 1 2 3 4 5 6 7 8 9 10

10번 반복해서 큰 소리로 읽어보며 내 것으로 만듭니다.

He cut a tree down.
그가 나무를 잘라 쓰러뜨렸다.

I need to cut down on calories.
나는 열량을 줄여야 해.

We cut down our costs.
우리는 소비를 줄였다.

STEP 2 입으로 말하기

3초 안에 영어로 나오지 않는다면 다시 STEP 1에서 연습합니다.

- 그가 나무를 잘라 쓰러뜨렸다.
- 나는 열량을 줄여야 해.
- 우리는 소비를 줄였다.

STEP 3 실전 대화에서 연습하기

학습한 문장을 활용해 실전 대화 연습을 해 봅시다.

A I found a really interesting article in the newspaper today.

B Oh really? What was the topic?

A Farmers are cutting trees down in the rainforest to make space for cows.

B I did not know that. How interesting!

A 나 오늘 신문에서 아주 흥미로운 기사를 읽었어.

B 오, 정말? 무슨 주제인데?

A 농부들이 소를 키울 공간을 만들기 위해 숲에 있는 나무를 자르고 있대.

B 난 전혀 몰랐는데. 흥미로운데!

Speak Out!

A 한글의 의미에 맞게 큰 소리로 말해봅시다!

❶ 우리 회사는 비용을 줄여야 한다.

❷ 난 여행 경비를 줄이려고 노력 중이다.

❸ 제가 대화에 좀 끼어들어도 될까요?

❹ 그는 계속해서 그의 의견으로 내 말을 잘라버렸다.

❺ 나는 잡지에서 아름다운 그림을 잘라냈다.

❻ 나는 신문에서 기사를 잘라냈다.

❼ 샐러드 만들게 채소를 잘게 잘라줘.

❽ 이 포스터를 잘라도 될까요?

❾ 나는 열량을 줄여야 해.

❿ 우리는 소비를 줄였다.

이렇게 말하면 돼요!

❶ My company has to cut back on expenses.
❷ I'm trying to cut back on travel costs.
❸ May I cut in this conversation?
❹ He kept cutting in with his opinion.
❺ I cut some beautiful pictures out of magazines.
❻ I cut an article out of the newspaper.
❼ Cut up some vegetables for the salad.
❽ Do you mind if I cut up this poster?
❾ I need to cut down on calories.
❿ We cut down our costs.

B 실생활에서 바로 써먹기

A I'm trying to lose weight again.
나 다시 살 빼려고.

B Well, ❶ ________________
음, 그러려면 넌 음식 먹는 양을 줄이는 게 좋을 것 같아.

A How was your day today?
오늘 하루 어땠어?

B It was terrible. ❷ ________________
안 좋았어. 자꾸 새치기하는 남자가 있었어.

A How's Dan doing at his work?
Dan이 직장에서 어때?

B ❸ ________________
그는 그 직업에 맞지 않아.

A Do you have a bad habit?
너 나쁜 습관이 있니?

B Yes, whenever I get mad at someone, ❹ ________________
응, 누군가에게 화가 날 때면 그들의 사진을 잘라버려.

A ❺ ________________ to make space for cows.
농부들이 소를 키울 공간을 만들기 위해 숲에 있는 나무를 자르고 있대.

B I did not know that. How interesting!
난 전혀 몰랐는데. 흥미로운데!

이렇게 말하면 돼요!

❶ you should cut back on eating so much food then.
❷ There was a guy who kept cutting in line.
❸ He's not cut out for that job.
❹ I cut up their pictures.
❺ Farmers are cutting trees down in the rainforest

Drop

무언가를 떨어뜨린다고 할 땐,

drop

Day 033 **drop** by

Day 034 **drop** off

Day 035 **drop** out

DAY
033
drop by
1. 잠깐 들르다
인사하려고 들렀어.

by는 옆에 있는 상태를 의미합니다. 그래서 '떨어지다'는 의미의 동사 drop과 함께 쓰이면 어디로 가다가 사람이 옆에 떨어지는 것이 되어 **drop by**는 어떤 장소에 '잠깐 들르다'라는 의미입니다.

STEP 1 문장 익히기

✓ 10번 반복 체크! 1 2 3 4 5 6 7 8 9 10

10번 반복해서 큰 소리로 읽어보며 내 것으로 만듭니다.

I dropped by to say "hi".
인사하려고 들렀어.

Don't drop by without calling first.
연락 없이 들르지 마.

Can I just drop by anytime?
언제든지 그냥 들러도 되나요?

STEP 2 입으로 말하기

3초 안에 영어로 나오지 않는다면 다시 STEP 1에서 연습합니다.

- 인사하려고 들렀어.
- 연락 없이 들르지 마.
- 언제든지 그냥 들러도 되나요?

STEP 3 실전 대화에서 연습하기

학습한 문장을 활용해 실전 대화 연습을 해 봅시다.

A Can I drop by your apartment to borrow some flour?
B Sure, what are you making?
A I think I'm going to try some pasta.
B That sounds great.

A 밀가루 빌리러 너의 집에 잠깐 들러도 될까?
B 물론이지. 뭐 만드는데?
A 파스타 만들어 보려고.
B 맛있겠다.

DAY
034
drop off
1. ~에 갖다 놓다
2. ~에 내려주다
우체부가 소포를
갖다 놓았다.

off는 on의 반대로 접촉된 것이 떨어져 나간다는 의미이므로 붙어 있던 것을 떼어 내어(off) 떨어뜨린다(drop)는 의미가 되니까 **drop off**는 무언가를 '~에 갖다 놓다' 혹은 사람을 '~에 내려주다'의 의미입니다.

STEP 1 문장 익히기

✓ 10번 반복 체크! 1 2 3 4 5 6 7 8 9 10

10번 반복해서 큰 소리로 읽어보며 내 것으로 만듭니다.

The mailman dropped off the package.
우체부가 소포를 갖다 놓았다.

I drop my clothes off at the dry cleaners.
나는 세탁소에 세탁물을 맡긴다.

I drop my children off at school.
나는 아이들을 학교에 내려준다.

STEP 2 입으로 말하기

3초 안에 영어로 나오지 않는다면 다시 STEP 1에서 연습합니다.

- 우체부가 소포를 갖다 놓았다.
- 나는 세탁소에 세탁물을 맡긴다.
- 나는 아이들을 학교에 내려준다.

STEP 3 실전 대화에서 연습하기

학습한 문장을 활용해 실전 대화 연습을 해 봅시다.

A Oh my gosh! I missed the bus.
B Do you need a ride?
A Can you drop me off at my house?
B Sure, it's on the way.

A 어떡해! 버스를 놓쳤어.
B 차편이 필요하니?
A 집에 내려줄 수 있어?
B 물론이지, 가는 길이잖아.

tip! 'need a ride'는 '차편이 필요하다'라는 의미로 대중교통이 없을 때 탈 것(ride)이 필요하다는 의미로 회화에서 많이 사용됩니다. 'It's on the way.'는 '가는 길 도중에 있다'는 의미로 사용합니다.

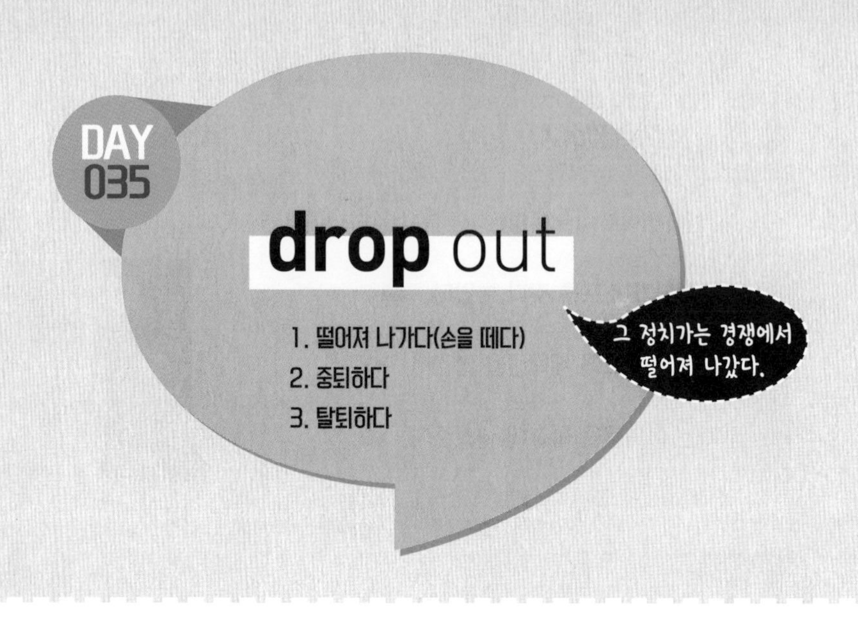
DAY
035
drop out
1. 떨어져 나가다(손을 떼다)
2. 중퇴하다
3. 탈퇴하다
그 정치가는 경쟁에서
떨어져 나갔다.

out은 밖으로 나간다는 의미인데 '떨어지다'의 의미의 동사 drop과 함께 쓰이면 밖으로 떨어진다는 의미가 되므로 원래 가던 길에서 떨어져 나가는 모습이죠. 그래서 **drop out**은 '떨어져 나가다, 중퇴하다, 탈퇴하다'라는 의미로 사용합니다.

STEP 1 문장 익히기

✓ 10번 반복 체크! 1 2 3 4 5 6 7 8 9 10

10번 반복해서 큰 소리로 읽어보며 내 것으로 만듭니다.

That politician dropped out of the race.
그 정치가는 경쟁에서 떨어져 나갔다.

Korean students never drop out of high school.
한국 학생들은 절대 고등학교를 중퇴하지 않는다.

I had to drop out of the music club.
나는 음악 동호회에서 탈퇴해야 했다.

STEP 2 입으로 말하기

3초 안에 영어로 나오지 않는다면 다시 STEP 1에서 연습합니다.

- 그 정치가는 경쟁에서 떨어져 나갔다.
- 한국 학생들은 절대 고등학교를 중퇴하지 않는다.
- 나는 음악 동호회에서 탈퇴해야 했다.

STEP 3 실전 대화에서 연습하기

학습한 문장을 활용해 실전 대화 연습을 해 봅시다.

A Mom, I want to drop out of dance club.
B Really? Why?
A Because my school schedule is busy.
B Oh, that's okay. You can rejoin it in the future.

A 엄마, 저 댄스 클럽에서 탈퇴하고 싶어요.
B 정말? 왜?
A 학교 일정이 바빠서요.
B 오, 괜찮아. 다음에 다시 가입하면 돼.

Speak Out!

A 한글의 의미에 맞게 큰 소리로 말해봅시다!

❶ 인사하려고 들렀어.

❷ 연락 없이 들르지 마.

❸ 언제든지 그냥 들러도 되나요?

❹ 우체부가 소포를 갖다 놓았다.

❺ 나는 세탁소에 세탁물을 맡긴다.

❻ 나는 아이들을 학교에 내려준다.

❼ 그 정치가는 경쟁에서 떨어져 나갔다.

❽ 한국 학생들은 절대 고등학교를 중퇴하지 않는다.

❾ 나는 음악 동호회에서 탈퇴해야 했다.

이렇게 말하면 돼요!

❶ I dropped by to say "hi".
❷ Don't drop by without calling first.
❸ Can I just drop by anytime?
❹ The mailman dropped off the package.
❺ I drop my clothes off at the dry cleaners.
❻ I drop my children off at school.
❼ That politician dropped out of the race.
❽ Korean students never drop out of high school.
❾ I had to drop out of the music club.

B 실생활에서 바로 써먹기

A ❶ ______________________________

밀가루 빌리러 너의 집에 잠깐 들러도 될까?

B Sure, what are you making?

물론이지. 뭐 만드는데?

A ❷ ______________________________

집에 내려줄 수 있어?

B Sure, it's on the way.

물론이지, 가는 길이잖아.

A Mom, ❸ ______________________________

엄마, 저 댄스 클럽에서 탈퇴하고 싶어요.

B Really? Why?

정말로? 왜?

이렇게 말하면 돼요!

❶ Can I drop by your apartment to borrow some flour?

❷ Can you drop me off at my house?

❸ I want to drop out of dance club.

Play

무언가를 가지고 논다고 할 땐,

play

Day 036 **play** with
Day 037 **play** along
Day 038 **play** against
Day 039 **play** around
Day 040 **play** at

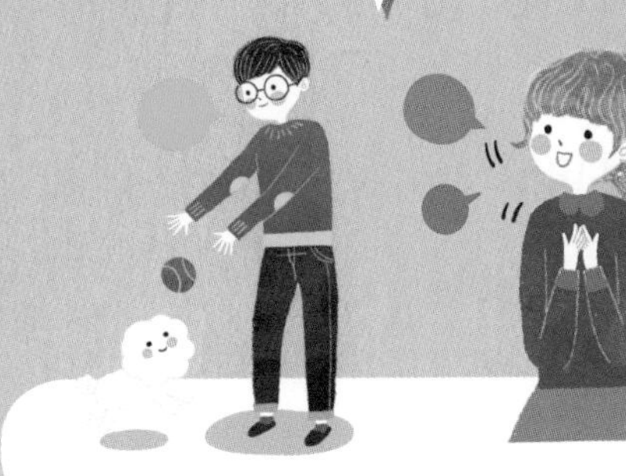

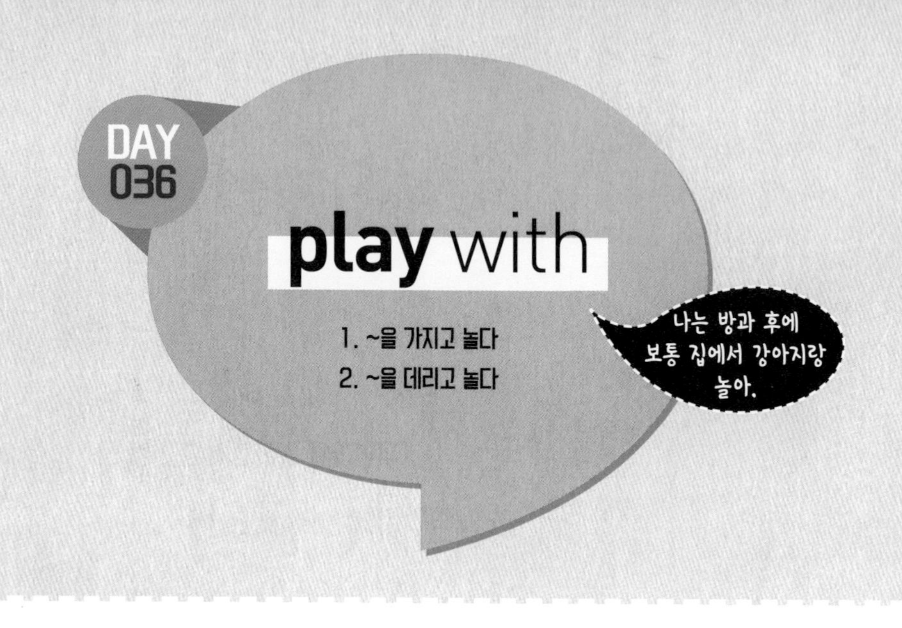
DAY
036
play with
1. ~을 가지고 놀다
2. ~을 데리고 놀다
나는 방과 후에
보통 집에서 강아지랑
놀아.

전치사 with는 '~와 함께 있는' 또는 '~을 가지고 있는'이라는 의미입니다. 따라서 **play with**는 '~을 가지고 놀다, ~을 데리고 놀다'라는 의미가 됩니다.

STEP 1 문장 익히기

✓ 10번 반복 체크! 1 2 3 4 5 6 7 8 9 10

10번 반복해서 큰 소리로 읽어보며 내 것으로 만듭니다.

I used to play with dolls.
나는 인형을 가지고 놀곤 했다.

I like to play with my smartphone.
나는 스마트폰을 가지고 노는 걸 좋아해.

I usually play with my puppy after school at home.
나는 방과 후에 보통 집에서 강아지랑 놀아.

STEP 2 입으로 말하기

3초 안에 영어로 나오지 않는다면 다시 STEP 1에서 연습합니다.

- 나는 인형을 가지고 놀곤 했다.
- 나는 스마트폰을 가지고 노는 걸 좋아해.
- 나는 방과 후에 보통 집에서 강아지랑 놀아.

STEP 3 실전 대화에서 연습하기

학습한 문장을 활용해 실전 대화 연습을 해 봅시다.

A Edwin, what are you up to?

B I'm chilling at home playing with my cell phone.

A Are you surfing the Internet?

B Yup. You got it.

A Edwin, 뭐해?

B 핸드폰 가지고 놀면서 집에 있어.

A 인터넷 검색하는 거야?

B 응. 맞아.

tip! 'What are you up to?'는 'What are you doing?'과 같은 '뭐해?'라는 의미로 회화에서 주로 사용하는 표현입니다.

play along

1. ~에게 동의하는 척하다
2. 협조하다
3. 공모하는 일에 동의하다

나는 사장님의 의견에 동의하는 척했다.

along은 무언가를 따라서 이동하는 의미가 있습니다. 그래서 다른 사람의 의견이나 생각을 쭉 따라 가면서 동의하거나 받아들이는 척 노는 셈이죠. 그래서 **play along**은 '~에게 동의하는 척하다'는 의미가 됩니다.

✓ 10번 반복 체크! 1 2 3 4 5 6 7 8 9 10

10번 반복해서 큰 소리로 읽어보며 내 것으로 만듭니다.

I played along with my boss.
나는 사장님의 의견에 동의하는 척했다.

He is good at playing along with others.
그는 다른 사람들의 의견에 동의하는 척을 잘한다.

여기서 along은 생략할 수도 있습니다.

I hate playing along with her.
난 걔 비위 맞추는 거 싫어.

STEP 2 입으로 말하기

3초 안에 영어로 나오지 않는다면 다시 STEP 1에서 연습합니다.

- 나는 사장님의 의견에 동의하는 척했다.
- 그는 다른 사람들의 의견에 동의하는 척을 잘한다.
- 난 걔 비위 맞추는 거 싫어.

STEP 3 실전 대화에서 연습하기

학습한 문장을 활용해 실전 대화 연습을 해 봅시다.

A There's a surprise party for Steve tomorrow, right?
B Yes, and Steve doesn't know yet.
A Good. We must pretend nothing is happening.
B Okay, I will play along.

A 내일 Steve의 깜짝 파티 있는 거 알지?
B 응, Steve는 아직 몰라.
A 잘됐다. 우리는 아무 일도 없는 것처럼 행동해야 해.
B 알았어. 나도 모르는 척할게.

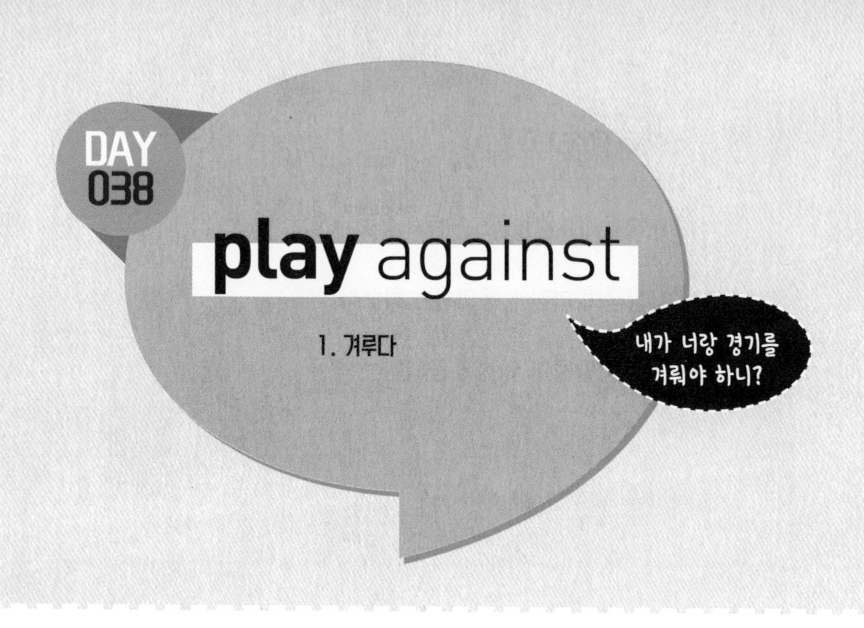
DAY
038
play against
1. 겨루다
내가 너랑 경기를
겨뤄야 하니?

전치사 against는 무언가 혹은 누군가에게 맞서는 의미가 있습니다. 그래서 같은 방향을 바라보는 것이 아닌 다른 방향을 향해 보기 때문에 항상 대립하고 사이가 안 좋은 의미를 지닙니다. play (놀다, 하다)와 함께 쓰여 **play against**는 무언가를 맞서서 하는 것이니 '겨루다'의 의미입니다.

STEP 1 문장 익히기

✓ 10번 반복 체크! 1 2 3 4 5 6 7 8 9 10

10번 반복해서 큰 소리로 읽어보며 내 것으로 만듭니다.

Do I have to play against you?
내가 너랑 경기를 겨뤄야 하니?

England is playing against Korea in the championship.
영국과 한국은 선수권 대회에서 겨룰 것이다.

Don't play against him.
그와 겨루지 마.

STEP 2 입으로 말하기

3초 안에 영어로 나오지 않는다면 다시 STEP 1에서 연습합니다.

- 내가 너랑 경기를 겨뤄야 하니?
- 영국과 한국은 선수권 대회에서 겨룰 것이다.
- 그와 겨루지 마.

STEP 3 실전 대화에서 연습하기

학습한 문장을 활용해 실전 대화 연습을 해 봅시다.

A Look, who do you think will win?
B Of course, James will.
A Really? Why do you think that?
B People say, "Don't play against James". He has a history.

A 봐, 누가 이길 것 같아?
B 물론 James지.
A 정말? 왜 그렇게 생각하는데?
B 사람들이 'James와는 겨루지 말라'고 말해. 그는 이력이 있어.

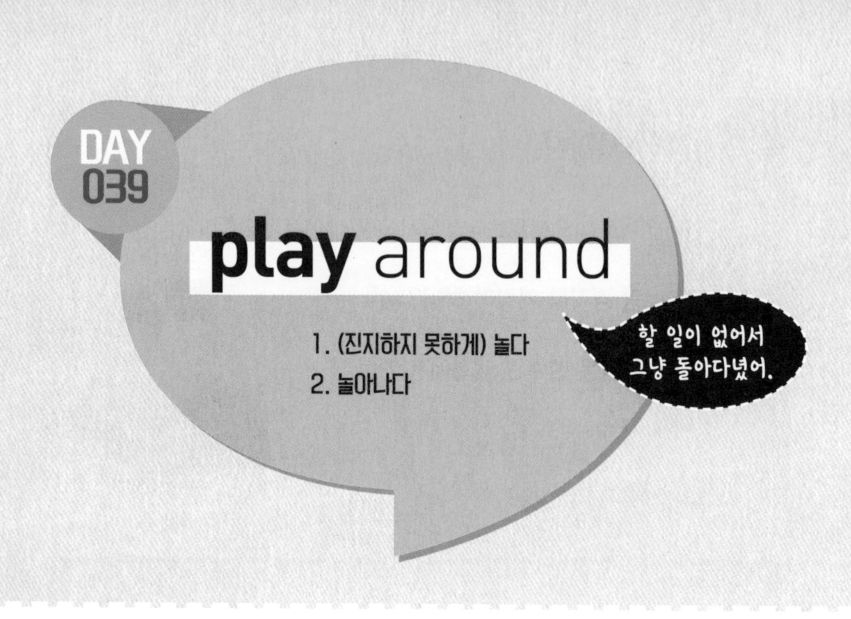
DAY
039
play around
1. (진지하지 못하게) 놀다
2. 놀아나다
할 일이 없어서
그냥 돌아다녔어.

around는 주변을 돌아다니는 의미이고 play와 함께 쓰여 주위를 돌아다니며 노는 것이므로 **play around**는 '진지하지 못하게 놀다'라는 의미입니다.

STEP 1 문장 익히기

✓ 10번 반복 체크! 1 2 3 4 5 6 7 8 9 10

10번 반복해서 큰 소리로 읽어보며 내 것으로 만듭니다.

Stop playing around and get to work.
그만 놀고 일해.

He played around with his co-worker.
그는 그의 동료와 할 일 없이 돌아다녔다.

I play around at home to kill time.
난 시간을 때우기 위해 집에서 논다.

STEP 2 입으로 말하기

3초 안에 영어로 나오지 않는다면 다시 STEP 1에서 연습합니다.

- 그만 놀고 일해.
- 그는 그의 동료와 할 일 없이 돌아다녔다.
- 난 시간을 때우기 위해 집에서 논다.

STEP 3 실전 대화에서 연습하기

학습한 문장을 활용해 실전 대화 연습을 해 봅시다.

A How was your weekend?
B It was boring.
A How come?
B I had nothing to do, so I just played around.

A 주말 어땠어?
B 지루했어.
A 왜?
B 할 일이 없어서 그냥 돌아다녔어.

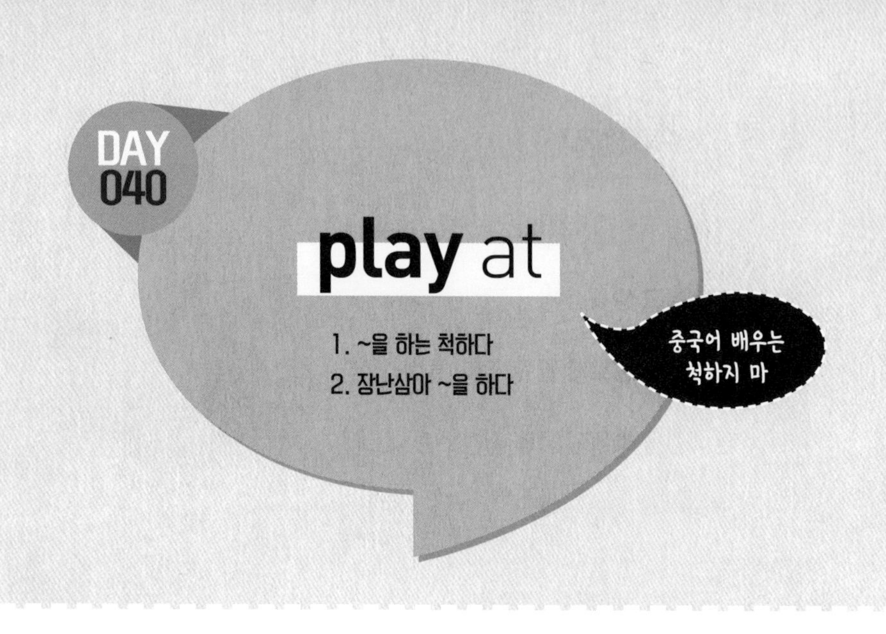
DAY
040
play at
1. ~을 하는 척하다
2. 장난삼아 ~을 하다
중국어 배우는
척하지 마

at은 한 곳에 콕 박혀 있는 상태를 의미합니다. '놀다'라는 동사 play와 함께 쓰여 무언가를 '놀면서 한다'는 의미로 쓰입니다. 그래서 **play at**은 '무언가를 하기 위해 노력하지 않고 마지못해 하는 척하다, 장난삼아 ~을 하다'는 의미로 사용됩니다.

STEP 1 문장 익히기

✓ 10번 반복 체크! 1 2 3 4 5 6 7 8 9 10

10번 반복해서 큰 소리로 읽어보며 내 것으로 만듭니다.

She is playing at becoming a singer.
그녀는 가수가 되려는 척한다.

I just play at table tennis.
나는 탁구를 그냥 취미 삼아 한다.

Don't play at learning Chinese.
중국어 배우는 척하지 마.

STEP 2 입으로 말하기

3초 안에 영어로 나오지 않는다면 다시 STEP 1에서 연습합니다.

- 그녀는 가수가 되려는 척한다.
- 나는 탁구를 그냥 취미 삼아 한다.
- 중국어 배우는 척하지 마.

STEP 3 실전 대화에서 연습하기

학습한 문장을 활용해 실전 대화 연습을 해 봅시다.

A What do you like to do for fun?
B Well, I like to draw pictures, but I am not good at it.
A Oh, really?
B Yeah, I guess I am just playing at drawing pictures.

A 재미로 뭐 하는 것을 좋아해?
B 글쎄. 그림 그리는 것을 좋아하지만 잘하진 못해.
A 오, 정말?
B 응, 그냥 그림 그리는 척하는 거야.

Speak Out!

A 한글의 의미에 맞게 큰 소리로 말해봅시다!

❶ 나는 인형을 가지고 놀곤 했다.

❷ 나는 방과 후에 보통 집에서 강아지랑 놀아.

❸ 나는 사장님의 의견에 동의하는 척했다.

❹ 난 걔 비위 맞추는 거 싫어.

❺ 내가 너랑 경기를 겨뤄야 하니?

❻ 그와 겨루지 마.

❼ 그만 놀고 일해.

❽ 그는 그의 동료와 할 일 없이 돌아다녔다.

❾ 그녀는 가수가 되려는 척한다.

❿ 나는 탁구를 그냥 취미 삼아 한다.

이렇게 말하면 돼요!

❶ I used to play with dolls.
❷ I usually play with my puppy after school at home.
❸ I played along with my boss.
❹ I hate playing along with her.
❺ Do I have to play against you?
❻ Don't play against him.
❼ Stop playing around and get to work.
❽ He played around with his co-worker.
❾ She is playing at becoming a singer.
❿ I just play at table tennis.

B 실생활에서 바로 써먹기

A Edwin, what are you up to?
Edwin, 뭐해?

B ❶ ________________
핸드폰 가지고 놀면서 집에 있어.

A We must pretend nothing is happening.
우리는 아무 일도 없는 것처럼 행동해야 해.

B Okay, ❷ ________________
알았어. 나도 모르는 척할게.

A Look, who do you think will win?
봐, 누가 이길 것 같아?

B People say, "❸ ________________". He has a history.
사람들이 'James와는 겨루지 말라'고 말해. 그는 이력이 있어.

A How was your weekend?
주말 어땠어?

B I had nothing to do, so ❹ ________________
할 일이 없어서 그냥 돌아다녔어.

A Oh, so you don't take drawing pictures seriously?
오, 그래서 그림을 진지하게 그리는 게 아니라고?

B ❺ ________________
응, 그냥 그림 그리는 척하는 거야.

이렇게 말하면 돼요!

❶ I'm chilling at home playing with my cell phone.
❷ I will play along.
❸ Don't play against James.
❹ I just played around.
❺ Yeah, I guess I am just playing at drawing pictures.

Get

무언가를 받거나 얻을 땐,

get

together는 '함께하거나 한데 모으는'이라는 의미가 있습니다. '얻다, 가지다, 획득하다'는 의미의 동사 get과 함께 쓰이면 무언가 또는 누군가를 함께 두는 것을 의미하기 때문에 **get together**는 '만나다, 모이다'는 의미가 됩니다.

DAY
041
get together
1. 만나다
2. 모이다
우리는 한 달에 한 번씩은 만났으면 해.

✓ 10번 반복 체크! 1 2 3 4 5 6 7 8 9 10

10번 반복해서 큰 소리로 읽어보며 내 것으로 만듭니다.

We should get together once a month.
우리는 한 달에 한 번씩은 만났으면 해.

It's hard to get together with my mom.
엄마랑 만나기가 힘들다.

Let's get together this Friday.
이번 주 금요일에 만나자.

STEP 2 입으로 말하기

3초 안에 영어로 나오지 않는다면 다시 STEP 1에서 연습합니다.

- 우리는 한 달에 한 번씩은 만났으면 해.
- 엄마랑 만나기가 힘들다.
- 이번 주 금요일에 만나자.

STEP 3 실전 대화에서 연습하기

학습한 문장을 활용해 실전 대화 연습을 해 봅시다.

A I'm going to the pub tonight. Do you want to come?

B Are you talking about the place where we went last time?

A Sure. Let's get together and have some fun.

B That sounds good.

A 오늘 밤에 펍에 갈 거야. 너도 올래?

B 우리 지난번에 갔던 곳 말하는 거야?

A 물론이지. 만나서 신나게 놀자.

B 좋아.

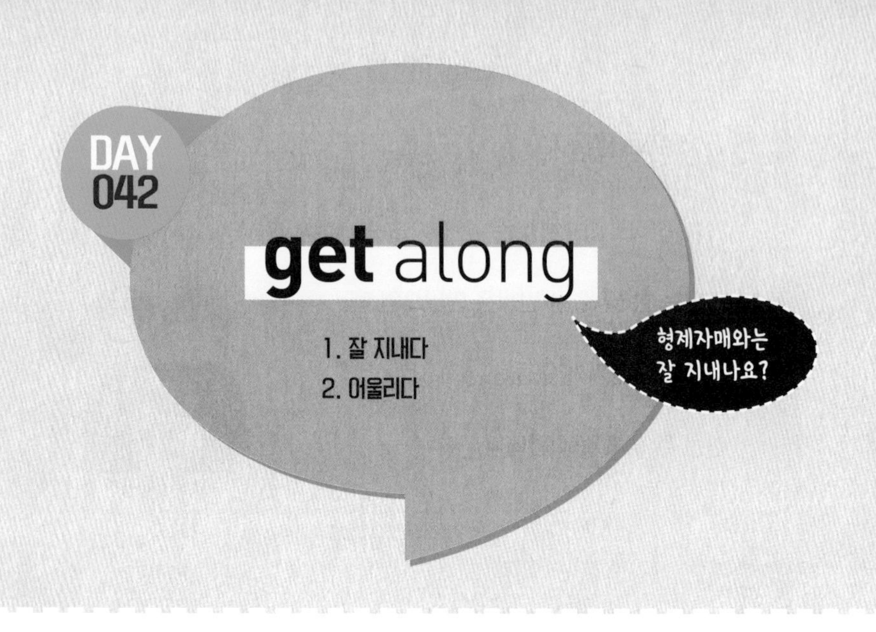
DAY
042
get along
1. 잘 지내다
2. 어울리다
형제자매와는
잘 지내나요?

along은 무엇을 혹은 누군가를 따라서 이동하는 의미이고, get은 '오다, 가다' 등의 움직임을 나타내므로 함께 이동하는 의미에서 **get along**은 '잘 지내다, 어울리다'의 의미입니다.

STEP 1 문장 익히기

✓ 10번 반복 체크! 1 2 3 4 5 6 7 8 9 10

10번 반복해서 큰 소리로 읽어보며 내 것으로 만듭니다.

Do you get along well with your siblings?
형제자매와는 잘 지내나요?

She gets along with new people easily.
그녀는 새로운 사람들과 쉽게 어울린다.

I don't get along with my new co-worker.
나는 새로 온 동료와 잘 지내지 못한다.

STEP 2 입으로 말하기

3초 안에 영어로 나오지 않는다면 다시 STEP 1에서 연습합니다.

- 형제자매와는 잘 지내나요?
- 그녀는 새로운 사람들과 쉽게 어울린다.
- 나는 새로 온 동료와 잘 지내지 못한다.

STEP 3 실전 대화에서 연습하기

학습한 문장을 활용해 실전 대화 연습을 해 봅시다.

A I think I have a problem with my boyfriend.

B What happened?

A It is because I don't get along with his best friend.

B Oh, well. I hope it will get better soon.

A 나 남자 친구랑 문제가 있는 것 같아.

B 무슨 일인데?

A 내가 그의 절친이랑 잘 어울리지 못하거든.

B 오, 그래. 얼른 잘 지내길 바랄게.

DAY
043
get out
1. 나가다
2. 빼다
내 방에서 나가.

out은 안에 있는 것이 밖으로 나간다는 의미입니다. get은 상태 변화 동사로서 이동하는 의미가 있습니다. 누군가가 안에서 밖으로 이동한다는 뜻으로 **get out**은 '나가다' 또는 '빼다'라는 의미로 사용됩니다.

STEP 1 문장 익히기

✓ 10번 반복 체크! 1 2 3 4 5 6 7 8 9 10

10번 반복해서 큰 소리로 읽어보며 내 것으로 만듭니다.

Get out of my room.
내 방에서 나가.

I had to get out of the car.
난 차에서 내려야 했다.

She tried to get the stain out of her skirt.
그녀는 치마에 묻은 얼룩을 빼려고 했다.

STEP 2 입으로 말하기

3초 안에 영어로 나오지 않는다면 다시 STEP 1에서 연습합니다.

- 내 방에서 나가.
- 난 차에서 내려야 했다.
- 그녀는 치마에 묻은 얼룩을 빼려고 했다.

STEP 3 실전 대화에서 연습하기

학습한 문장을 활용해 실전 대화 연습을 해 봅시다.

A Are we late for the test?
B Uh oh. Yeah, we need to get out of here.
A Excuse me, can you stop over there?
C Okay. The total is 4,500 won.

A 우리 시험에 늦은 걸까?
B 오, 어떡해. 그래, 우리 여기서 내려야겠다.
A 실례지만 저기서 세워 주세요.
C 네, 4,500원이에요.

DAY
044
get up
1. 일어나다
그녀는 보통 아침
7시에 일어난다.

up은 위로 상승한다는 의미이므로 의식이 위에 있는 즉, 깨어 있는 상태를 나타냅니다. '움직이다'라는 의미의 get과 함께 쓰여 **get up**은 '일어나다'의 의미로 사용됩니다.

STEP 1 문장 익히기

✓ 10번 반복 체크! 1 2 3 4 5 6 7 8 9 10

10번 반복해서 큰 소리로 읽어보며 내 것으로 만듭니다.

She usually gets up at 7.
그녀는 보통 아침 7시에 일어난다.

What time do you usually get up?
보통 몇 시에 일어나니?

My mom always gets me up in the morning.
엄마는 아침에 항상 나를 깨운다.

STEP 2 입으로 말하기

3초 안에 영어로 나오지 않는다면 다시 STEP 1에서 연습합니다.

- 그녀는 보통 아침 7시에 일어난다.
- 보통 몇 시에 일어나니?
- 엄마는 아침에 항상 나를 깨운다.

STEP 3 실전 대화에서 연습하기

학습한 문장을 활용해 실전 대화 연습을 해 봅시다.

A I have difficulty getting up in the morning.
B If I were you, I would set an alarm every 5 minutes.
A Wow, that might work.
B Yeah, try it from now on.

A 아침마다 일어나는 게 힘들어.
B 내가 너라면 5분마다 알람을 맞춰 놓을 거야.
A 와, 그렇게 하면 될지도 모르겠다.
B 응, 오늘부터 시도해봐.

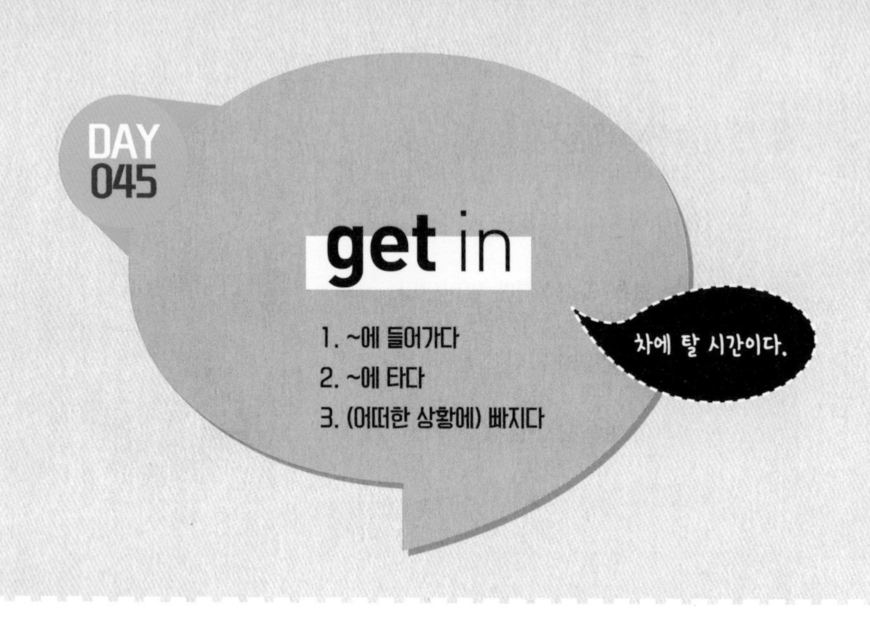
DAY
045
get in
1. ~에 들어가다
2. ~에 타다
3. (어떠한 상황에) 빠지다
차에 탈 시간이다.

in은 안에 있다는 의미로 동사 get과 함께 쓰여 안으로 움직인다는 의미가 있습니다. 그래서 **get in**은 공간의 의미로 사용하면 그 공간 '안으로 들어가다, (안으로 들어가는 교통수단에) 타다'의 의미가 되고 어떠한 상황에 사용하면 그 상황에 '빠지다'는 의미가 됩니다.

STEP 1 문장 익히기

✓ 10번 반복 체크! 1 2 3 4 5 6 7 8 9 10

10번 반복해서 큰 소리로 읽어보며 내 것으로 만듭니다.

When did you get in last night?
어젯밤에 언제 들어왔어?

It's time to get in the car.
차에 탈 시간이다.

He gets in trouble often.
그는 자주 곤경에 처한다.

STEP 2 입으로 말하기

3초 안에 영어로 나오지 않는다면 다시 STEP 1에서 연습합니다.

- 어젯밤에 언제 들어왔어?
- 차에 탈 시간이다.
- 그는 자주 곤경에 처한다.

STEP 3 실전 대화에서 연습하기

학습한 문장을 활용해 실전 대화 연습을 해 봅시다.

A Hey! Where are you driving?

B I'm going downtown.

A Can you give me a ride?

B Sure! Get in!

A 야, 어디가?

B 시내에 가.

A 나 좀 태워줄 수 있어?

B 물론이지, 타.

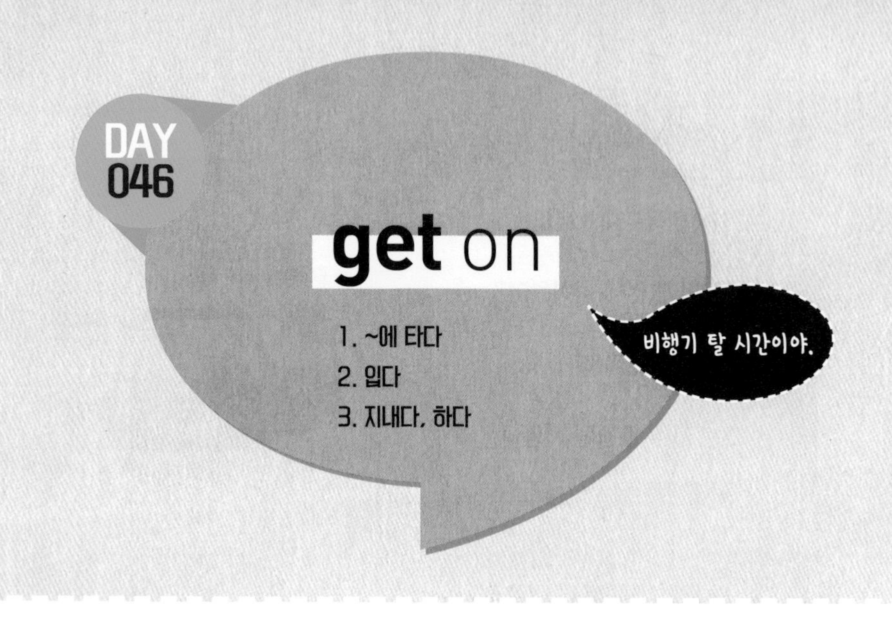
DAY
046
get on
1. ~에 타다
2. 입다
3. 지내다, 하다
비행기 탈 시간이야.

전치사 on은 접촉의 의미이므로 움직이는 의미의 동사 get과 함께 쓰여 **get on**은 발바닥이 버스나 지하철과 같은 교통수단의 바닥에 붙게 되어 '(설 수 있는 교통수단에) 타다'는 의미가 되고 무엇이 우리 몸에 붙게 된다면 '입다'의 의미가 됩니다. 또한 안부 등에 대해 묻거나 답하는 말에서 '지내다, 하다'의 의미로도 사용됩니다.

STEP 1 문장 익히기

✓ 10번 반복 체크! 1 2 3 4 5 6 7 8 9 10

10번 반복해서 큰 소리로 읽어보며 내 것으로 만듭니다.

It's time to get on the airplane.
비행기 탈 시간이야.

"It's time to 동사원형"은 '동사원형의 행위를 할 시간이다'라는 의미로 자주 사용하는 회화 표현입니다.

I got on the wrong bus.
버스를 잘못 탔어.

Jen is getting on very well in English.
Jen은 영어를 아주 잘하고 있다.

STEP 2 입으로 말하기

3초 안에 영어로 나오지 않는다면 다시 STEP 1에서 연습합니다.

- 비행기 탈 시간이야.
- 버스를 잘못 탔어.
- Jen은 영어를 아주 잘하고 있다.

STEP 3 실전 대화에서 연습하기

학습한 문장을 활용해 실전 대화 연습을 해 봅시다.

A What time will you get here?

B Well, I get on the bus at 6P.M., and I get off the bus at about 7P.M.

A Okay. I will wait in the café.

B I will call you as soon as I get off.

A 여기 몇 시에 도착해?

B 글쎄, 저녁 6시에 버스를 타고, 버스에서 내리면 7시야.

A 알았어. 카페에서 기다릴게.

B 버스에서 내리면 전화할게.

Speak Out!

A 한글의 의미에 맞게 큰 소리로 말해봅시다!

❶ 우리는 한 달에 한 번씩은 만났으면 해.

❷ 이번 주 금요일에 만나자.

❸ 형제자매와는 잘 지내나요?

❹ 그녀는 새로운 사람들과 쉽게 어울린다.

❺ 내 방에서 나가.

❻ 그녀는 치마에 묻은 얼룩을 빼려고 했다.

❼ 보통 몇 시에 일어나니?

❽ 엄마는 아침에 항상 나를 깨운다.

❾ 그는 자주 곤경에 처한다.

❿ 버스를 잘못 탔어.

이렇게 말하면 돼요!

❶ We should get together once a month.
❷ Let's get together this Friday.
❸ Do you get along well with your siblings?
❹ She gets along with new people easily.
❺ Get out of my room.
❻ She tried to get the stain out of her skirt.
❼ What time do you usually get up?
❽ My mom always gets me up in the morning.
❾ He gets in trouble often.
❿ I got on the wrong bus.

B 실생활에서 바로 써먹기

A ❶ ______________________________
만나서 신나게 놀자.

B That sounds good.
좋아.

A Are we late for the test?
우리 시험에 늦은 걸까?

B Uh oh. Yeah, ❷ ______________________________
오, 어떡해. 그래, 우리 여기서 내려야겠다.

A ❸ ______________________________
아침마다 일어나는 게 힘들어.

B If I were you, I would set an alarm every 5 minutes.
내가 너라면 5분마다 알람을 맞춰 놓을 거야.

A Can you give me a ride?
나 좀 태워줄 수 있어?

B Sure! ❹ ______________________________
물론이지, 타.

A What time will you get here?
여기 몇시에 도착해?

B Well, ❺ ______________________________, and I get off the bus at about 7P.M.
글쎄, 저녁 6시에 버스를 타고, 버스에서 내리면 7시야.

이렇게 말하면 돼요!

❶ Let's get together and have some fun.
❷ we need to get out of here.
❸ I have difficulty getting up in the morning.
❹ Get in!
❺ I get on the bus at 6P.M.

Come

어디로 향해 올 땐,

come

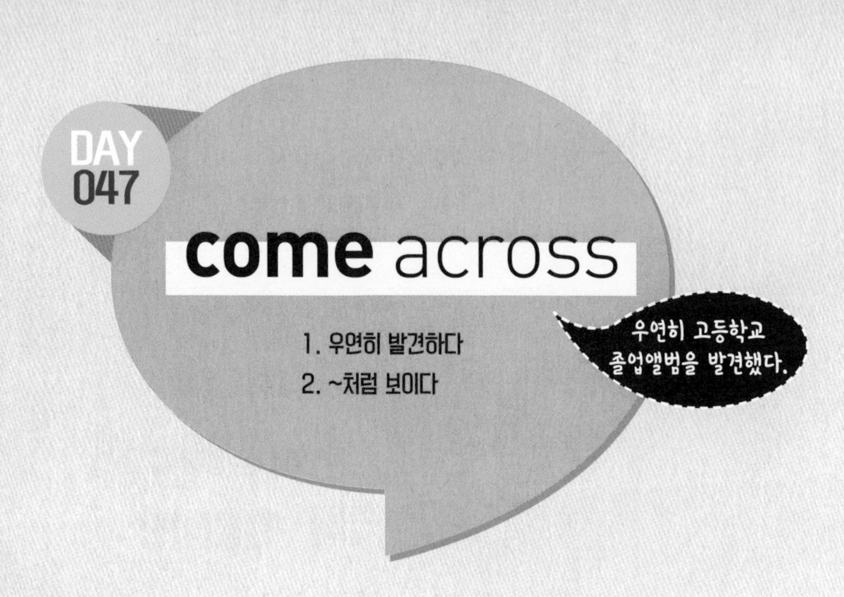
DAY
047
come across
1. 우연히 발견하다
2. ~처럼 보이다
우연히 고등학교
졸업앨범을 발견했다.

across는 '맞은편으로 가로지르는'이라는 의미가 있습니다. '움직이다'는 의미를 가진 come과 함께 쓰여 정해진 목적지로 죽 가다가 그것이 우연히 가로지르며 건너가는 상황을 나타냅니다. 그래서 **come across**는 생각지도 못한 그것이 건너가는 것을 두고 '우연히 발견하다, ~처럼 보이다'라는 의미로 사용됩니다.

STEP 1 문장 익히기

✓ 10번 반복 체크! 1 2 3 4 5 6 7 8 9 10

10번 반복해서 큰 소리로 읽어보며 내 것으로 만듭니다.

I came across a dog in the park.
공원에서 개를 우연히 발견했다.

I came across my high school yearbook.
우연히 고등학교 졸업앨범을 발견했다.

He came across as very nervous.
그는 아주 긴장한 것처럼 보였다.

STEP 2 입으로 말하기

3초 안에 영어로 나오지 않는다면 다시 STEP 1에서 연습합니다.

- 공원에서 개를 우연히 발견했다.
- 우연히 고등학교 졸업앨범을 발견했다.
- 그는 아주 긴장한 것처럼 보였다.

STEP 3 실전 대화에서 연습하기

학습한 문장을 활용해 실전 대화 연습을 해 봅시다.

A Wow, is that a new bag?

B Uh, yes. I came across it by chance at the mall.

A Was it on sale?

B Yes. I got a 50% discount.

A 와, 그거 새 가방이야?

B 응. 쇼핑몰에서 우연히 발견했어.

A 할인 받았어?

B 응, 50% 할인 받았어.

tip! on sale은 '할인하는', for sale은 '판매하는'의 의미입니다.

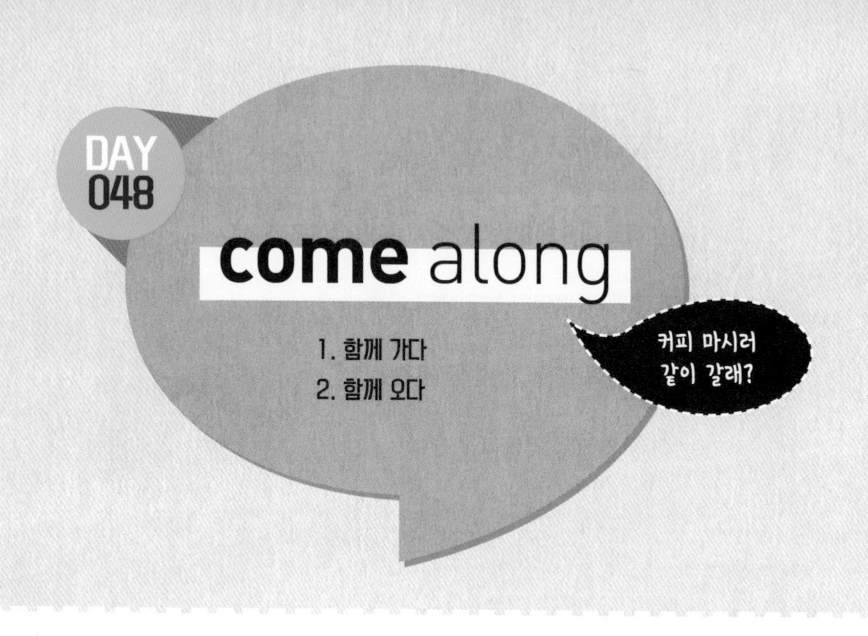
DAY
048
come along
1. 함께 가다
2. 함께 오다
커피 마시러
같이 갈래?

along은 어떤 대상을 쭉 따라 움직이는 것을 뜻하며 come은 '움직이다'라는 의미입니다. 무언가를 따라서 움직이는 것이니 **come along**은 '함께 가다, 함께 오다'의 의미입니다.

STEP 1 문장 익히기

✓ 10번 반복 체크! 1 2 3 4 5 6 7 8 9 10

10번 반복해서 큰 소리로 읽어보며 내 것으로 만듭니다.

Would you like to come along for some coffee?
커피 마시러 같이 갈래?

Do you want to come along with me?
나랑 함께 가고 싶니?

She came along with him.
그녀는 그와 함께 왔다.

STEP 2 입으로 말하기

3초 안에 영어로 나오지 않는다면 다시 STEP 1에서 연습합니다.

- 커피 마시러 같이 갈래?
- 나랑 함께 가고 싶니?
- 그녀는 그와 함께 왔다.

STEP 3 실전 대화에서 연습하기

학습한 문장을 활용해 실전 대화 연습을 해 봅시다.

A There is a farewell party this Saturday.
B Who's leaving?
A Josh. Would you like to come along with me?
B Sure. Let's say good-bye to him.

A 이번 주 토요일에 송별회가 있어.
B 누가 떠나는데?
A Josh가. 나랑 같이 갈래?
B 물론이지. 작별 인사 하자.

DAY
049
come back
1. 돌아가다
2. 돌아오다
내 여자친구가
나에게 돌아오기를
바란다.

back은 원래 자리로 되돌아간다는 의미가 있습니다. 움직임을 나타내는 동사 come과 함께 쓰여 원래의 자리로 움직이는 것을 나타내어 **come back**은 '돌아가다, 돌아오다'의 의미가 됩니다.

STEP 1 문장 익히기

✓ 10번 반복 체크! 1 2 3 4 5 6 7 8 9 10

10번 반복해서 큰 소리로 읽어보며 내 것으로 만듭니다.

I hope my girlfriend comes back to me.
내 여자친구가 나에게 돌아오기를 바란다.

Don't come back to my apartment.
우리 집으로 다시 돌아오지 마.

When is he coming back from his hometown?
그는 언제 고향에서 돌아와?

STEP 2 입으로 말하기

3초 안에 영어로 나오지 않는다면 다시 STEP 1에서 연습합니다.

- 내 여자친구가 나에게 돌아오기를 바란다.
- 우리 집으로 다시 돌아오지 마.
- 그는 언제 고향에서 돌아와?

STEP 3 실전 대화에서 연습하기

학습한 문장을 활용해 실전 대화 연습을 해 봅시다.

A So, when is Tom coming back from the business trip?
B He's coming back this Friday.
A Wow, that's not bad.
B Yeah, I guess I enjoyed my time alone, too.

A 그래서 Tom이 언제 출장에서 돌아와?
B 이번 주 금요일에 돌아와.
A 와, 나쁘지 않은데.
B 응, 나도 혼자 있는 시간을 즐겼던 것 같아.

DAY
050
come over
1. 들르다
2. 방문하다
나중에 들러도 될까?

over는 무언가를 넘어가는 의미로 넘어서 지나간다는 뜻을 가집니다. 그래서 '오다, 가다, 움직이다'는 의미의 동사 come과 함께 쓰여 어디를 넘어가는 동작을 하고 지나가는 것이므로 **come over**는 어떤 장소를 '들르다, 방문하다'의 의미로 사용합니다.

STEP 1 문장 익히기

✓ 10번 반복 체크! 1 2 3 4 5 6 7 8 9 10

10번 반복해서 큰 소리로 읽어보며 내 것으로 만듭니다.

Can I come over later?
나중에 들러도 될까?

She doesn't come over here very often.
그녀는 여기를 자주 방문하지 않는다.

Why don't you come over and watch a movie with me?
우리 집에 와서 나와 영화 보지 그래?

STEP 2 입으로 말하기

3초 안에 영어로 나오지 않는다면 다시 STEP 1에서 연습합니다.

- 나중에 들러도 될까?
- 그녀는 여기를 자주 방문하지 않는다.
- 우리 집에 와서 나와 영화 보지 그래?

STEP 3 실전 대화에서 연습하기

학습한 문장을 활용해 실전 대화 연습을 해 봅시다.

A Mom, what's going on?
B You know your new tutor is coming over soon.
A Oh, I forgot about that.
B You should clean up your room.

A 엄마, 무슨 일이에요?
B 오늘 새로운 과외 선생님 곧 오시는 거 알잖아.
A 오, 잊고 있었어요.
B 방 청소를 하는 게 좋을 것 같아.

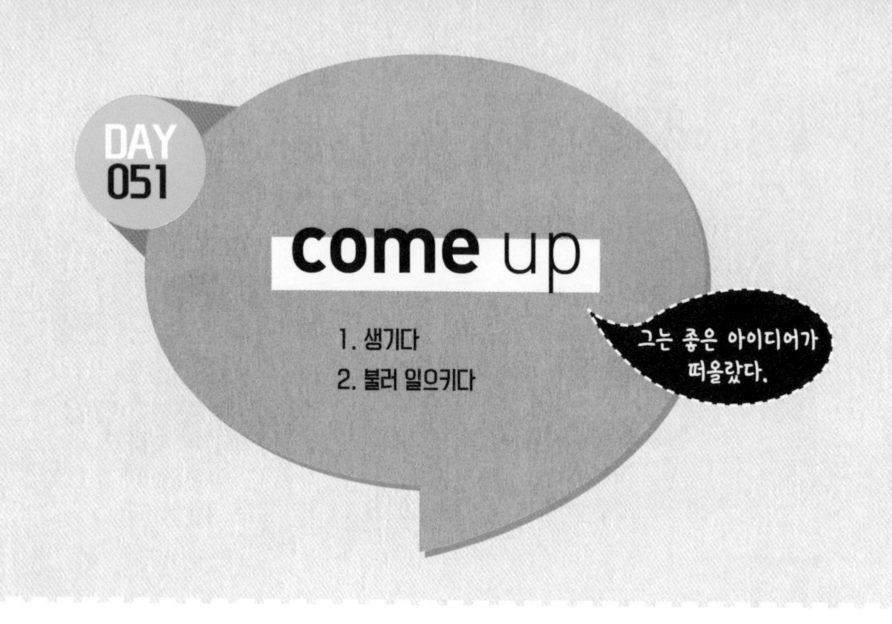
DAY
051
come up
1. 생기다
2. 불러 일으키다
그는 좋은 아이디어가
떠올랐다.

up은 위로 끝까지 올라가서 정상에 있는 것으로 표면 위로 드러나거나 나타나는 의미가 있습니다. come 동사와 함께 쓰여 **come up**은 어떤 일이 나타나거나 어떤 생각이 머릿속에 떠올라 '생기다, 불러일으키다'라는 의미가 됩니다.

STEP 1 문장 익히기

✓ 10번 반복 체크! 1 2 3 4 5 6 7 8 9 10

10번 반복해서 큰 소리로 읽어보며 내 것으로 만듭니다.

An urgent problem came up.
급한 문제가 생겼다.

Something came up.
일이 생겼어.

He came up with some good ideas.
그는 좋은 아이디어가 떠올랐다.

STEP 2 입으로 말하기

3초 안에 영어로 나오지 않는다면 다시 STEP 1에서 연습합니다.

- 급한 문제가 생겼다.
- 일이 생겼어.
- 그는 좋은 아이디어가 떠올랐다.

STEP 3 실전 대화에서 연습하기

학습한 문장을 활용해 실전 대화 연습을 해 봅시다.

A Something came up at home. I gotta go.
B Oh, are you gonna be okay?
A I'll let you know when time comes.
B Alright.

A 집에 일이 생겼어. 가야 해.
B 오, 괜찮겠어?
A 나중에 괜찮아지면 알려 줄게.
B 알겠어.

tip! gotta는 have got to를, gonna는 going to를 줄인 비격식적인 표현으로 회화에서 주로 사용합니다.

Speak Out!

A 한글의 의미에 맞게 큰 소리로 말해봅시다!

❶ 공원에서 개를 우연히 발견했다.

❷ 그는 아주 긴장한 것처럼 보였다.

❸ 커피 마시러 같이 갈래?

❹ 그녀는 그와 함께 왔다.

❺ 우리 집으로 다시 돌아오지 마.

❻ 그는 언제 고향에서 돌아와?

❼ 나중에 들러도 될까?

❽ 그녀는 여기를 자주 방문하지 않는다.

❾ 급한 문제가 생겼다.

❿ 그는 좋은 아이디어가 떠올랐다.

☆ 이렇게 말하면 돼요!

❶ I came across a dog in the park.
❷ He came across as very nervous.
❸ Would you like to come along for some coffee?
❹ She came along with him.
❺ Don't come back to my apartment.
❻ When is he coming back from his hometown?
❼ Can I come over later?
❽ She doesn't come over here very often.
❾ An urgent problem came up.
❿ He came up with some good ideas.

B 실생활에서 바로 써먹기

A Wow, is that a new bag?
와, 그거 새 가방이야?

B Uh, yes. ❶ ________________________________
응. 쇼핑몰에서 우연히 발견했어.

A There is a farewell party this sturday. ❷ ____________________
이번 주 토요일에 송별회가 있어. 나랑 같이 갈래?

B Sure. Let's say good-bye to him.
물론이지. 작별 인사 하자.

A ❸ ________________________________
Tom이 언제 출장에서 돌아와?

B He's coming back this Friday.
이번 주 금요일에 돌아와.

A Mom, what's going on?
엄마, 무슨 일이에요?

B You know ❹ ________________________________
오늘 새로운 과외 선생님 곧 오시는 거 알잖아.

A ❺ ________________________________ I gotta go.
집에 일이 생겼어. 가야 해.

B Oh, are you gonna be okay?
오, 괜찮겠어?

이렇게 말하면 돼요!

❶ I came across it by chance at the mall.
❷ Would you like to come along with me?
❸ When is Tom coming back from the business trip?
❹ your new tutor is coming over soon.
❺ Something came up at home.

Make

무언가를 만든다고 할 땐,

make

Day 052 **make** up

Day 053 **make** into

Day 054 **make** over

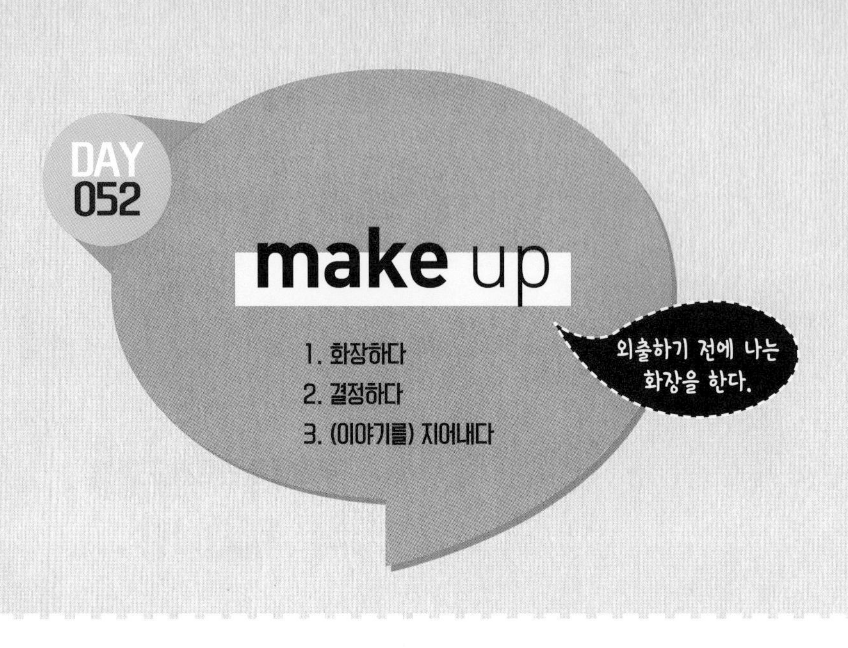
DAY
052
make up
1. 화장하다
2. 결정하다
3. (이야기를) 지어내다
외출하기 전에 나는
화장을 한다.

up은 정상으로 끝까지 올라간다는 의미에서 '완전, 완성'의 의미가 있습니다. '만들다'라는 의미의 동사 make와 함께 쓰이면 완벽한 무언가를 만들어 내는 것이 됩니다. 그래서 얼굴의 완성은 화장하는 것이고 의견을 모아 완성하면 결정하는 것이 되어 **make up**은 '화장하다, 결정하다, 이야기를 지어내다'라는 의미가 됩니다.

STEP 1 문장 익히기

✓ 10번 반복 체크! 1 2 3 4 5 6 7 8 9 10

10번 반복해서 큰 소리로 읽어보며 내 것으로 만듭니다.

I make up my face before I go out.
외출하기 전에 나는 화장을 한다.

She makes up her mind at the last minute.
그녀는 마지막 순간에 결정한다.

I made up a story.
나는 이야기를 지어냈다.

STEP 2 입으로 말하기

3초 안에 영어로 나오지 않는다면 다시 STEP 1에서 연습합니다.

- 외출하기 전에 나는 화장을 한다.
- 그녀는 마지막 순간에 결정한다.
- 나는 이야기를 지어냈다.

STEP 3 실전 대화에서 연습하기

학습한 문장을 활용해 실전 대화 연습을 해 봅시다.

A I don't know what to buy.
B What's wrong?
A It is hard to make up my mind.
B It happens to me all the time, too.

A 뭘 사야 할지 모르겠어.
B 뭐가 문제야?
A 결정을 내리기가 힘들어.
B 나도 항상 그래.

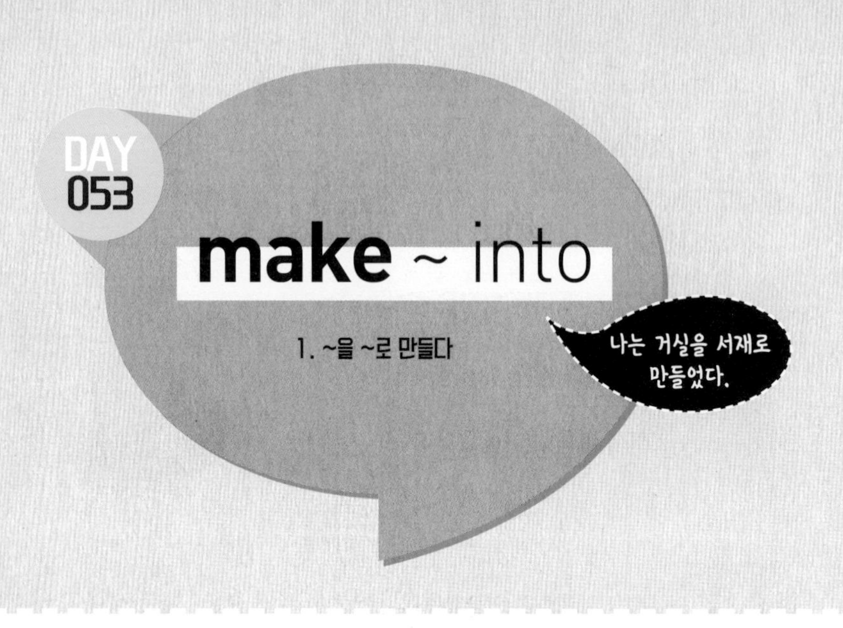

into는 내부로 들어가는 의미입니다. 그래서 보통 밖의 상태가 안으로 들어가면서 그 안의 영향을 받아 변화한다는 의미로 사용됩니다. '만들다'라는 의미의 동사 make와 함께 주로 **make A into B** 형태로 사용되며 'A를 B로 만들다'는 의미가 됩니다.

DAY
053
make ~ into
1. ~을 ~로 만들다
나는 거실을 서재로 만들었다.

✓ 10번 반복 체크! 1 2 3 4 5 6 7 8 9 10

10번 반복해서 큰 소리로 읽어보며 내 것으로 만듭니다.

I've made my living room into a study room.
나는 거실을 서재로 만들었다.

He made 30 cubes into a piece of art.
그는 30개의 큐브를 하나의 작품으로 만들었다.

I can make you into a good English student.
나는 너를 영어를 잘하는 학생으로 만들 수 있어.

STEP 2 입으로 말하기

3초 안에 영어로 나오지 않는다면 다시 STEP 1에서 연습합니다.

- 나는 거실을 서재로 만들었다.
- 그는 30개의 큐브를 하나의 작품으로 만들었다.
- 나는 너를 영어를 잘하는 학생으로 만들 수 있어.

STEP 3 실전 대화에서 연습하기

학습한 문장을 활용해 실전 대화 연습을 해 봅시다.

A We just moved into a two-bedroom apartment.

B Congratulations. Do you need two bedrooms?

A No, so we will make one bedroom into a study room.

B That's such a good idea.

A 우리 방 2개인 아파트로 막 이사했어.

B 축하해. 방 2개가 필요해?

A 아니, 그래서 방 하나는 서재로 만들려고.

B 그거 참 좋은 생각이다.

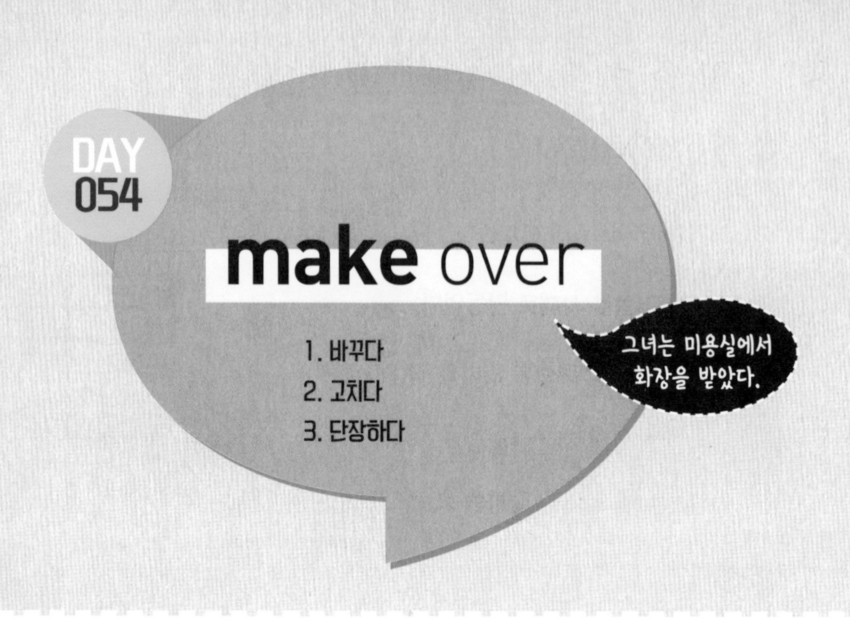

DAY
054
make over
1. 바꾸다
2. 고치다
3. 단장하다
그녀는 미용실에서
화장을 받았다.

여기서 over는 한계를 넘어서 극복하고 완전히 다시 시작한다는 의미입니다. 그러니 '만들다'라는 의미의 동사 make와 함께 쓰여 **make over**는 외모나 외관을 완전히 '바꾸다, 고치다, 단장하다'의 의미가 됩니다.

✓ 10번 반복 체크! 1 2 3 4 5 6 7 8 9 10

10번 반복해서 큰 소리로 읽어보며 내 것으로 만듭니다.

I will make over my room for Christmas.
내 방을 성탄절 분위기로 바꿀 거야.

Let's make over our kitchen with new appliances.
새로운 가전제품으로 부엌을 바꿔보자.

She went to the salon and got a makeover.
그녀는 미용실에서 화장을 받았다.

STEP 2 입으로 말하기

3초 안에 영어로 나오지 않는다면 다시 STEP 1에서 연습합니다.

- 내 방을 성탄절 분위기로 바꿀 거야.
- 새로운 가전제품으로 부엌을 바꿔보자.
- 그녀는 미용실에서 화장을 받았다.

STEP 3 실전 대화에서 연습하기

학습한 문장을 활용해 실전 대화 연습을 해 봅시다.

A What did your boyfriend buy you for your birthday?

B He bought me a coupon for a trip to the spa.

A Really? That's cool. What are you going to do at the spa?

B I want to get a massage and a makeover.

A 남자친구가 생일에 뭐 사 줬어?

B 스파 쿠폰을 사 줬어.

A 정말? 멋지다. 스파가서 뭐할 거야?

B 마사지 받고 화장 받을 거야.

Speak Out!

A 한글의 의미에 맞게 큰 소리로 말해봅시다!

❶ 외출하기 전에 나는 화장을 한다.

❷ 그녀는 마지막 순간에 결정한다.

❸ 나는 이야기를 지어냈다.

❹ 나는 거실을 서재로 만들었다.

❺ 그는 30개의 큐브를 하나의 작품으로 만들었다.

❻ 나는 너를 영어를 잘하는 학생으로 만들 수 있어.

❼ 내 방을 성탄절 분위기로 바꿀 거야.

❽ 새로운 가전제품으로 부엌을 바꿔보자.

❾ 그녀는 미용실에서 화장을 받았다.

☆ 이렇게 말하면 돼요!

❶ I make up my face before I go out.
❷ She makes up her mind at the last minute.
❸ I made up a story.
❹ I've made my living room into a study room.
❺ He made 30 cubes into a piece of art.
❻ I can make you into a good English student.
❼ I will make over my room for Christmas.
❽ Let's make over our kitchen with new appliances.
❾ She went to the salon and got a makeover.

B 실생활에서 바로 써먹기

A ❶ ________________________________
결정을 내리기가 힘들어.

B It happens to me all the time, too.
나도 항상 그래.

A ❷ ________________________________
방 하나는 서재로 만들려고.

B That's such a good idea.
그거 참 좋은 생각이다.

A What are you going to do at the spa?
스파가서 뭐할 거야?

B ❸ ________________________________
마사지 받고 화장 받을 거야.

이렇게 말하면 돼요!

❶ It is hard to make up my mind.
❷ We will make one bedroom into a study room.
❸ I want to get a massage and a makeover.

Wear

무언가가 약화될 땐,

wear

DAY
055
wear off
1. 사라지다
2. 없어지다
티셔츠에
있던 디자인이 없어져
버렸다.

off는 붙어 있던 것이 떨어져 나감으로 인해 일어나는 상태나 동작을 의미합니다. 그러니 '약화되다'라는 의미의 동사 wear와 함께 쓰여 약화된 것이 떨어져 나가는 것이므로 **wear off**는 '사라지다, 없어지다'의 의미가 됩니다.

STEP 1 문장 익히기

✓ 10번 반복 체크! 1 2 3 4 5 6 7 8 9 10

10번 반복해서 큰 소리로 읽어보며 내 것으로 만듭니다.

The effect of the alcohol is wearing off.
술의 영향이 사라지고 있다. (술이 점점 깨고 있다.)

My pain is wearing off now.
나의 고통이 사라지고 있다.

The design on my t-shirts has worn off.
티셔츠에 있던 디자인이 (오래돼서) 없어져 버렸다.

STEP 2 입으로 말하기

3초 안에 영어로 나오지 않는다면 다시 STEP 1에서 연습합니다.

- 술의 영향이 사라지고 있다.
  (술이 점점 깨고 있다.)
- 나의 고통이 사라지고 있다.
- 티셔츠에 있던 디자인이 (오래돼서) 없어져 버렸다.

STEP 3 실전 대화에서 연습하기

학습한 문장을 활용해 실전 대화 연습을 해 봅시다.

A What are you wearing now? Is that new perfume?
B Yes, I got it last week.
A It smells good. Does it last long?
B No, it usually wears off after a few hours.

A 지금 뭐 뿌린 거야? 새로 산 향수야?
B 응, 지난주에 샀어.
A 향기 좋다. 향기가 오래 가?
B 아니, 보통 몇 시간 지나면 향이 사라져.

DAY
056
wear on
1. (시간이 더디게) 흘러가다
이번 주는 시간이
더디게 흘러간다.

어떤 정해진 시간 안에서 **wear on**을 사용한다면 그 '시간이 (더디게) 흘러가다'는 의미입니다. on은 항상 '접촉'과 '진행'의 의미가 있는데 '지치다, 약화되다'라는 의미의 동사인 wear와 함께 쓰여 무언가가 더디고 고통스럽게 진행됨을 나타냅니다.

✓ 10번 반복 체크! 1 2 3 4 5 6 7 8 9 10

10번 반복해서 큰 소리로 읽어보며 내 것으로 만듭니다.

The week is wearing on slowly.
이번 주는 시간이 더디게 흘러간다.

I got bored as the time wore on.
시간이 더디게 흘러가는 만큼 나는 지루함을 느꼈다.

We all get older as time wears on.
시간이 흘러가면서 우리도 나이를 먹는다.

STEP 2 입으로 말하기

3초 안에 영어로 나오지 않는다면 다시 STEP 1에서 연습합니다.

- 이번 주는 시간이 더디게 흘러간다.
- 시간이 더디게 흘러가는 만큼 나는 지루함을 느꼈다.
- 시간이 흘러가면서 우리도 나이를 먹는다.

STEP 3 실전 대화에서 연습하기

학습한 문장을 활용해 실전 대화 연습을 해 봅시다.

A What day is it today?
B It's only Tuesday.
A This week is wearing on really slowly.
B You can say that agaisn!

A 오늘 무슨 요일이지?
B 화요일밖에 안 됐어.
A 이번 주는 정말 더디게 흘러가네.
B 나도 같은 생각이야.

tip! 'You can say that again.'은 당신 말에 전적으로 동의한다는 표현입니다.

DAY
057
wear
someone out
1. ~을 지치게 하다
아이들을 돌보느라
그녀는 지쳤다.

out은 밖으로 나오는 것을 나타내므로 닳고 약화되는 의미의 동사인 wear와 함께 쓰여 지치는 행위가 밖으로 나오는 것을 뜻하므로 **wear someone out**은 누군가를 '지치게 하다'라는 의미로 사용됩니다.

STEP 1 문장 익히기

✓ 10번 반복 체크! 1 2 3 4 5 6 7 8 9 10

10번 반복해서 큰 소리로 읽어보며 내 것으로 만듭니다.

Exercise wears me out.
운동은 나를 지치게 한다.

She was worn out from babysitting children.
아이들을 돌보느라 그녀는 지쳤다.

Walking around the mall wears you out.
쇼핑몰을 걸어 다니는 것은 당신을 지치게 한다.

STEP 2 입으로 말하기

3초 안에 영어로 나오지 않는다면 다시 STEP 1에서 연습합니다.

- 운동은 나를 지치게 한다.
- 아이들을 돌보느라 그녀는 지쳤다.
- 쇼핑몰을 걸어 다니는 것은 당신을 지치게 한다.

STEP 3 실전 대화에서 연습하기

학습한 문장을 활용해 실전 대화 연습을 해 봅시다.

A How was your day?
B It was okay. I walked around the mall all day long.
A It wears you out. Did you get anything?
B Yeah fortunately, I got a Christmas gift for my boyfriend.

A 오늘 하루 어땠어?
B 괜찮았어. 하루 종일 쇼핑몰을 걸어 다녔어.
A 지쳤겠다. 뭐 좀 샀어?
B 응, 다행히 남자친구 크리스마스 선물을 샀어.

DAY
058
wear away
1. 차츰 닳다
2. 차츰 나빠지다
시끄러운 아이들은
내 인내심을 없앴다.

away는 멀리 가버린다는 의미가 있어서 기존의 상태에서 '약화되다, 지치다'의 의미인 동사 wear와 함께 쓰여 **wear away**는 물건의 경우에는 계속 사용해서 멀리 가버린다는 뜻에서 '차츰 닳다'라는 의미가, 사람의 경우에는 '(상태가) 차츰 나빠지다'라는 의미가 됩니다.

STEP 1 문장 익히기

✓ 10번 반복 체크! 1 2 3 4 5 6 7 8 9 10

10번 반복해서 큰 소리로 읽어보며 내 것으로 만듭니다.

Noisy children wear away my patience.
시끄러운 아이들은 내 인내심을 없앴다.

My mom's health wears away as she gets old.
어머니의 건강은 나이가 들면서 나빠진다.

The wind has worn away the paint on the building.
바람이 건물의 페인트를 닳게 했다.

STEP 2 입으로 말하기

3초 안에 영어로 나오지 않는다면 다시 STEP 1에서 연습합니다.

- 시끄러운 아이들은 내 인내심을 없앴다.
- 어머니의 건강은 나이를 드시면서 나빠진다.
- 바람이 건물의 페인트를 닳게 했다.

STEP 3 실전 대화에서 연습하기

학습한 문장을 활용해 실전 대화 연습을 해 봅시다.

A How's your mom?

B Her health is wearing away.

A Really? That's so sad.

B Yeah, but she always has a positive attitude.

A 어머님 좀 어때?

B 건강이 나빠지고 있어.

A 정말? 그거 안 됐다.

B 응, 하지만 항상 긍정적인 태도를 가지셔.

down은 아래로 내려가거나 감소하는 의미이고 wear는 '약화되다, 지치다'라는 의미이므로 **wear down**은 사람한테 쓰면 활동이 줄어드는 현상을 나타내어 '(몸 상태가) 안 좋다, ~을 약화시키다'라는 의미이고, 사물에 쓰면 '마모되다, 닳다'라는 의미로 쓰입니다.

DAY
059
wear down
1. 약화시키다
2. 마모시키다, 마모되다, 닳다
내 핸드폰의 배터리가 빨리 닳아 없어진다.

✓ 10번 반복 체크! 1 2 3 4 5 6 7 8 9 10

10번 반복해서 큰 소리로 읽어보며 내 것으로 만듭니다.

All the stress wears me down.
모든 스트레스가 나를 약화시킨다.

His busy schedule is wearing him down.
그의 바쁜 스케줄은 그를 약화시킨다.

My cellphone's battery wears down quickly.
내 핸드폰의 배터리가 빨리 닳아 없어진다.

STEP 2 입으로 말하기

3초 안에 영어로 나오지 않는다면 다시 STEP 1에서 연습합니다.

- 모든 스트레스가 나를 약화시킨다.
- 그의 바쁜 스케줄은 그를 약화시킨다.
- 내 핸드폰의 배터리가 빨리 닳아 없어진다.

STEP 3 실전 대화에서 연습하기

학습한 문장을 활용해 실전 대화 연습을 해 봅시다.

A How is your job?
B My boss always wants me to work late.
A Oh really? Are you okay?
B I think I am wearing down.

A 일은 어때?
B 나의 상사는 항상 내가 늦게까지 일하길 원해.
A 오 정말? 너 괜찮아?
B 지쳐가고 있는 것 같아.

DAY 060
wear out something
1. 닳다, 해어지다, 낡게 되다
내 신발은 수년간 닳지 않았다.

out은 밖으로 나오는 것을 의미하는데 '약화되다, 지치다'란 의미의 동사 wear와 함께 쓰여 상태가 약화되어 밖으로 드러남을 나타냅니다. 그래서 **wear something out**은 물건이 '닳다, 해어지다, 낡게 되다'의 의미로 사용합니다.

STEP 1 문장 익히기

✓ 10번 반복 체크! 1 2 3 4 5 6 7 8 9 10

10번 반복해서 큰 소리로 읽어보며 내 것으로 만듭니다.

My shoes haven't worn out for years.
내 신발은 수년간 닳지 않았다.

I feel like I have worn out my welcome.
나는 초대받지 않은 느낌이야 (너무 오래 있었나 봐).

"wear out one's welcome"은 "너무 오래 머물러 미움을 사다"라는 표현입니다.

I wore my jacket out last winter.
작년 겨울에 재킷을 닳도록 입었다.

STEP 2 입으로 말하기

3초 안에 영어로 나오지 않는다면 다시 STEP 1에서 연습합니다.

- 내 신발은 수년간 닳지 않았다.
- 나는 초대받지 않은 느낌이야.
- 작년 겨울에 재킷을 닳도록 입었다.

STEP 3 실전 대화에서 연습하기

학습한 문장을 활용해 실전 대화 연습을 해 봅시다.

A Did you go to the gym today?

B Yes! I'm really worn out. Why didn't you go?

A Well, I wore down the soles of my shoes.

B Oh, so you went to buy new ones!

A 오늘 체육관에 갔었어?

B 응! 나 정말 지쳤어. 너 왜 안 왔어?

A 어, 구두창이 닳았어.

B 오, 그래서 새 신발 사러 갔구나.

Speak Out!

A 한글의 의미에 맞게 큰 소리로 말해봅시다!

❶ 술의 영향이 사라지고 있다. (술이 점점 깨고 있다.)

❷ 티셔츠에 있던 디자인이 (오래 돼서) 없어져 버렸다.

❸ 시간이 흘러가면서 우리도 나이를 먹는다.

❹ 운동은 나를 지치게 한다.

❺ 아이들을 돌보느라 그녀는 지쳤다.

❻ 쇼핑몰을 걸어 다니는 것은 당신을 지치게 한다.

❼ 바람이 건물의 페인트를 닳게 했다.

❽ 내 핸드폰의 배터리가 빨리 닳아 없어진다.

❾ 내 신발은 수년간 닳지 않았다.

❿ 나는 초대받지 않은 느낌이야 (너무 오래 있었나봐).

이렇게 말하면 돼요!

❶ The effect of the alcohol is wearing off.
❷ The design on my t-shirts has worn off.
❸ We all get older as time wears on.
❹ Exercise wears me out.
❺ She was worn out from babysitting children.
❻ Walking around the mall wears you out.
❼ The wind has worn away the paint on the building.
❽ My cellphone's battery wears down quickly.
❾ My shoes haven't worn out for years.
❿ I feel like I have worn out my welcome.

B 실생활에서 바로 써먹기

A It smells good. Does it last long?
향기 좋다. 향기가 오래 가?

B No, ❶ ________________
아니, 보통 몇 시간 지나면 향이 사라져.

A I walked around the mall all day long.
하루 종일 쇼핑몰을 걸어 다녔어.

B ❷ ________________
지쳤겠다. 뭐 좀 샀어?

A How's your mom?
어머님 좀 어때?

B ❸ ________________
건강이 나빠지고 있어.

A How is your job?
일은 어때?

B ❹ ________________
지쳐가고 있는 것 같아.

A Did you go to the gym today?
오늘 체육관에 갔었어?

B Yes! ❺ ________________
응! 나 정말 지쳤어.

이렇게 말하면 돼요!

❶ it usually wears off after a few hours.
❷ It wears you out. Did you get anything?
❸ Her health is wearing away.
❹ I think I am wearing down.
❺ I'm really worn out.

Turn

다른 방향으로 돌린다고 할 땐,

turn

DAY
061
turn in
1. 제출하다
2. 잠자리에 들다
과제를 제출해야 해.

turn in은 밖에 있던 것을 안으로 방향을 돌려 가지고 온다는 의미에서 '제출하다'의 의미가 있고 사람의 경우는 잠을 자기 위해 집 안으로 방향을 돌려 들어 온다는 의미에서 '잠자리에 들다'의 의미로 사용됩니다.

STEP 1 문장 익히기

✓ 10번 반복 체크! 1 2 3 4 5 6 7 8 9 10

10번 반복해서 큰 소리로 읽어보며 내 것으로 만듭니다.

I must turn in my papers.
과제를 제출해야 해.

When do we have to turn in our assignments?
우리 언제까지 과제 제출해야 하지?

I'm sleepy so I'll turn in soon.
나 잠이 와서 곧 잠자리에 들어야겠어.

STEP 2 입으로 말하기

3초 안에 영어로 나오지 않는다면 다시 STEP 1에서 연습합니다.

- 과제를 제출해야 해.
- 우리 언제까지 과제 제출해야 하지?
- 나 잠이 와서 곧 잠자리에 들어야겠어.

STEP 3 실전 대화에서 연습하기

학습한 문장을 활용해 실전 대화 연습을 해 봅시다.

A When is the paper due?

B You have to turn it in by tomorrow.

A Oh no, I haven't started it yet.

B I'll give you a hand.

A 보고서 언제 까지지?

B 내일까지 제출해야 해.

A 오 안 돼. 아직 시작도 안 했어.

B 내가 도와줄게.

DAY
062
turn out
1. ~인 것으로 드러나다[밝혀지다]
2. 모습을 드러내다, 나타나다
그녀의 임신은
거짓으로 밝혀졌다.

out은 어떤 결과가 밖으로 나오게 되는 것을 의미합니다. '돌다, 방향을 바꾸다'라는 의미인 동사 turn과 함께 쓰여 무언가가 밖으로 나오게 되는 것을 의미합니다. 그래서 **turn out**은 '~임이 드러나다 또는 밝혀지다, 모습을 드러내다, 나타나다'의 의미로 사용됩니다.

STEP 1 문장 익히기

✓ 10번 반복 체크! 1 2 3 4 5 6 7 8 9 10

10번 반복해서 큰 소리로 읽어보며 내 것으로 만듭니다.

The presentation turned out to be a mistake.
그 발표는 실수인 것으로 밝혀졌다.

Her pregnancy turned out to be false.
그녀의 임신은 거짓으로 밝혀졌다.

It turned out I got a promotion.
내가 승진한 것으로 밝혀졌다.

STEP 2 입으로 말하기

3초 안에 영어로 나오지 않는다면 다시 STEP 1에서 연습합니다.

- 그 발표는 실수인 것으로 밝혀졌다.
- 그녀의 임신은 거짓으로 밝혀졌다.
- 내가 승진한 것으로 밝혀졌다.

STEP 3 실전 대화에서 연습하기

학습한 문장을 활용해 실전 대화 연습을 해 봅시다.

A You were sick last week. Did you go to the doctor?
B Yes, my sickness turned out to be just a common cold.
A That's good. I'm glad it wasn't anything serious.
B Thanks. I'm also glad.

A 너 지난주에 아팠다면서. 병원에는 갔어?
B 응, 그냥 평범한 감기래.
A 잘됐네. 심각한 게 아니라서 다행이다.
B 고마워. 나도 기뻐.

DAY
063
turn to
1. ~에 의지하다
그녀는 조언을
구하기 위해 어머니
에게 의지했다.

to는 '~로'라는 의미로 방향을 나타냅니다. '돌다'라는 의미의 turn과 '~로'라는 의미의 to가 합쳐져 누군가의 방향으로 돌린다는 의미가 되어 **turn to**는 '~에 의지하다, 의존하다'라는 의미를 나타냅니다.

STEP 1 문장 익히기

✓ 10번 반복 체크! 1 2 3 4 5 6 7 8 9 10

10번 반복해서 큰 소리로 읽어보며 내 것으로 만듭니다.

There was no one to turn to.
의지할 사람이 아무도 없었다.

Tom turns to his parents for financial support.
Tom은 경제적인 지원을 위해 그의 부모님에게 의지한다.

She turned to her mother for advice.
그녀는 조언을 구하기 위해 어머니에게 의지했다.

STEP 2 입으로 말하기

3초 안에 영어로 나오지 않는다면 다시 STEP 1에서 연습합니다.

- 의지할 사람이 아무도 없었다.
- Tom은 경제적인 지원을 위해 그의 부모님에게 의지한다.
- 그녀는 조언을 구하기 위해 어머니에게 의지했다.

STEP 3 실전 대화에서 연습하기

학습한 문장을 활용해 실전 대화 연습을 해 봅시다.

A What is your plan for your vacation?
B I was going to ask you for advice.
A You always seem to turn to me.
B Of course. Because you are my big brother.

A 휴가 동안 뭐 할 거야?
B 안 그래도 조언을 구하려고 했어.
A 넌 항상 나에게 의지하는 것 같다.
B 물론이지. 나의 큰 형이잖아.

DAY
064
turn on
1. (전원을) 켜다
내가 TV를 켜도
괜찮을까?

전치사 on은 접촉과 동시에 진행의 의미가 있습니다. 무언가를 '돌리다'는 의미의 turn과 접촉을 나타내는 on이 함께 쓰여 **turn on**은 가전제품 등의 전원을 '켜다'의 의미로 사용됩니다.

STEP 1 문장 익히기

✓ 10번 반복 체크! 1 2 3 4 5 6 7 8 9 10

10번 반복해서 큰 소리로 읽어보며 내 것으로 만듭니다.

Do you mind if I turn on the TV?
내가 TV를 켜도 괜찮을까?

My computer is noisy when I turn it on.
내 컴퓨터는 켤 때 시끄러운 소리가 난다.

The street lights turn on automatically at 6P.M.
거리의 조명들은 저녁 6시가 되면 자동으로 켜진다.

STEP 2 입으로 말하기

3초 안에 영어로 나오지 않는다면 다시 STEP 1에서 연습합니다.

- 내가 TV를 켜도 괜찮을까?
- 내 컴퓨터는 켤 때 시끄러운 소리가 난다.
- 거리의 조명들은 저녁 6시가 되면 자동으로 켜진다.

STEP 3 실전 대화에서 연습하기

학습한 문장을 활용해 실전 대화 연습을 해 봅시다.

A What's up? Are you playing a game?
B No, there is something wrong with this game system.
A Really? Turn it off and turn it back on again.
B Oh wow. That fixed it. Thank you.

A 뭐해? 게임하는 거야?
B 아니, 이 게임 시스템에 뭔가 문제가 있는 것 같아.
A 정말? 전원을 껐다 다시 켜봐.
B 와. 고쳐졌어. 고마워.

DAY
065
turn off
1. (전원을) 끄다
2. 흥미를 잃게 하다
전등 끄는 것을
잊지 마세요.

off는 on의 반대이므로 접촉된 것이 떨어져 중단되는 것을 의미합니다. 그래서 '돌리다'라는 의미의 turn과 함께 쓰여 **turn off**는 물건의 전원을 돌려 '끄다'라는 의미가 되고 사람과 장소에 대한 관심이 떨어져 나가는 것이므로 '흥미를 잃게 하다'의 의미가 됩니다.

STEP 1 문장 익히기

✓ 10번 반복 체크! 1 2 3 4 5 6 7 8 9 10

10번 반복해서 큰 소리로 읽어보며 내 것으로 만듭니다.

Don't forget to turn off the light.
전등 끄는 것을 잊지 마세요.

Turn off the power before you leave.
나가기 전에 전원을 꺼.

Smelly guys turn me off.
냄새나는 남자는 흥미를 잃게 한다.

STEP 2 입으로 말하기

3초 안에 영어로 나오지 않는다면 다시 STEP 1에서 연습합니다.

- 전등 끄는 것을 잊지 마세요.
- 나가기 전에 전원을 꺼.
- 냄새나는 남자는 흥미를 잃게 한다.

STEP 3 실전 대화에서 연습하기

학습한 문장을 활용해 실전 대화 연습을 해 봅시다.

A How was your blind date?
B It didn't go very well.
A Really? I thought he was handsome.
B Yeah, but his bad breath turned me off.

A 소개팅 어땠어?
B 잘 되지 않았어.
A 정말? 난 그가 잘 생겼다고 생각했는데.
B 어, 근데 그의 입 냄새 때문에 흥미를 잃어버렸어.

DAY
066
turn away
1. 외면하다
난 거지를 외면했다.

away는 멀리 보내는 의미가 있습니다. turn은 '돌리다'라는 의미이므로 두 단어가 합쳐지면 멀리 방향을 돌려 가듯이 무언가를 피해 멀리 돌아가는 것을 나타냅니다. 그래서 **turn away**는 '외면하다'의 의미입니다.

STEP 1 문장 익히기

✓ 10번 반복 체크! 1 2 3 4 5 6 7 8 9 10

10번 반복해서 큰 소리로 읽어보며 내 것으로 만듭니다.

I turn away from violent scenes on TV.
나는 TV에서 폭력적인 장면을 외면한다.

He turned away when I needed help.
내가 도움이 필요했을 때 그는 외면했다.

I turned away from a beggar.
난 거지를 외면했다.

STEP 2 입으로 말하기

3초 안에 영어로 나오지 않는다면 다시 STEP 1에서 연습합니다.

- 나는 TV에서 폭력적인 장면을 외면한다.
- 내가 도움이 필요했을 때 그는 외면했다.
- 난 거지를 외면했다.

STEP 3 실전 대화에서 연습하기

학습한 문장을 활용해 실전 대화 연습을 해 봅시다.

A What happened yesterday?

B Oh, I saw an abandoned cat, but I just turned away.

A You have a cat allergy. You had no choice.

B Right, but I still feel uneasy about that. Such a poor cat.

A 어제 무슨 일이 있었던 거야?

B 버려진 고양이를 봤는데 그냥 외면했어.

A 너 고양이 알레르기 있잖아. 선택의 여지가 없었겠는데.

B 그렇긴 한데 계속 기분이 안 좋아. 불쌍한 고양이였는데.

DAY 067 turn around

1. 호전되다, 좋아지다
2. 돌리다, 돌다, 방향을 바꾸다

그 회사는 재무 상태를 호전시켰다.

around는 주위를 계속 맴도는 의미가 있습니다. '돌리다'라는 동사 turn과 함께 쓰여 **turn around**는 '돌다, 돌리다, 방향을 바꾸다'는 의미이고, 계획이나 사업 시스템 등이 계속 돌아가는 '호전되다'라는 의미로도 사용됩니다. 계속 돌아가는 것이니 잘 되고 있다는 의미겠죠?

✓ 10번 반복 체크! 1 2 3 4 5 6 7 8 9 10

10번 반복해서 큰 소리로 읽어보며 내 것으로 만듭니다.

The company turned around its finances.
그 회사는 재무 상태를 호전시켰다.

Don't turn around until I say so.
내가 말할 때까지 고개 돌리지 마.

It's difficult for me to turn my car around.
차를 돌리는 건 나에게 힘든 일이다.

STEP 2 입으로 말하기

3초 안에 영어로 나오지 않는다면 다시 STEP 1에서 연습합니다.

- 그 회사는 재무 상태를 호전시켰다.
- 내가 말할 때까지 고개 돌리지 마.
- 차를 돌리는 건 나에게 힘든 일이다.

STEP 3 실전 대화에서 연습하기

학습한 문장을 활용해 실전 대화 연습을 해 봅시다.

A I am worried about my English grade.
B Really? What's wrong?
A My writing scores are very low.
B Don't worry! You can turn things around.

A 난 영어 성적이 걱정이야.
B 정말? 뭐가 문제인데?
A 영작 점수가 너무 낮아.
B 걱정 마. 좋아질 거야.

DAY
068
turn against
1. ~에게 등을 돌리다
2. 배반하다
그가 나에게
등을 돌리지 않기를
바란다.

against는 무엇과 맞서 있는 뜻으로 대립하는 의미입니다. 몸을 돌려서(turn) 누군가와 맞서(against) 있는 것이므로 **turn against**는 '~에게 등을 돌리다, 배반하다'의 의미로 사용됩니다.

STEP 1 문장 익히기

✓ 10번 반복 체크! 1 2 3 4 5 6 7 8 9 10

10번 반복해서 큰 소리로 읽어보며 내 것으로 만듭니다.

I hope he won't turn against me.
그가 나에게 등을 돌리지 않기를 바란다.

What has made you turn against your friend?
무엇이 여러분을 친구에게 등 돌리게 하나요?

I've never turned against my friends.
나는 친구들을 배반한 적이 한 번도 없다.

STEP 2 입으로 말하기

3초 안에 영어로 나오지 않는다면 다시 STEP 1에서 연습합니다.

- 그가 나에게 등을 돌리지 않기를 바란다.
- 무엇이 여러분을 친구에게 등 돌리게 하나요?
- 나는 친구들을 배반한 적이 한 번도 없다.

STEP 3 실전 대화에서 연습하기

학습한 문장을 활용해 실전 대화 연습을 해 봅시다.

A My friend got jealous of me.
B Really? Why?
A Because I got a higher score than her on the test.
B Wow, she shouldn't turn against you because of that.

A 친구가 나를 질투해.
B 정말? 왜?
A 내가 시험에서 그녀보다 높은 점수를 받았거든.
B 와, 그것 때문에 너에게 등을 돌려서는 안 되지.

Speak Out!

A 한글의 의미에 맞게 큰 소리로 말해봅시다!

❶ 나 잠이 와서 곧 잠자리에 들어야겠어.

❷ 그녀의 임신은 거짓으로 밝혀졌다.

❸ 내가 승진한 것으로 밝혀졌다.

❹ 의지할 사람이 아무도 없었다.

❺ 내가 TV를 켜도 괜찮을까?

❻ 내 컴퓨터는 켤 때 시끄러운 소리가 난다.

❼ 전등 끄는 것을 잊지 마세요.

❽ 내가 도움이 필요했을 때 그는 외면했다.

❾ 내가 말할 때까지 고개 돌리지 마.

❿ 무엇이 여러분을 친구에게 등 돌리게 하나요?

이렇게 말하면 돼요!

❶ I'm sleepy so I'll turn in soon.
❷ Her pregnancy turned out to be false.
❸ It turned out I got a promotion.
❹ There was no one to turn to.
❺ Do you mind if I turn on the TV?
❻ My computer is noisy when I turn it on.
❼ Don't forget to turn off the light.
❽ He turned away when I needed help.
❾ Don't turn around until I say so.
❿ What has made you turn against your friend?

B 실생활에서 바로 써먹기

A When is the paper due?
보고서 언제 까지지?

B ❶ ________________
내일까지 제출해야 해.

A There is something wrong with this game system.
이 게임 시스템에 뭔가 문제가 있는 것 같아.

B Really? ❷ ________________
정말? 전원을 껐다 다시 켜봐.

A How was your blind date?
소개팅 어땠어?

B It didn't go very well. ❸ ________________
잘 되지 않았어. 그의 입 냄새 때문에 흥미를 잃어 버렸어.

A What happened yesterday?
어제 무슨 일이 었었던 거야?

B Oh, I saw an abandoned cat, but ❹ ________________
버려진 고양이를 봤는데 그냥 외면했어.

A My writing scores are very low.
영작 점수가 너무 낮아.

B Don't worry! ❺ ________________
걱정 마. 좋아질 거야.

이렇게 말하면 돼요!

❶ You have to turn it in by tomorrow.
❷ Turn it off and turn it back on again.
❸ His bad breath turned me off.
❹ I just turned away.
❺ You can turn things around.

Give

무언가를 줄 땐,

give

DAY
069
give out
1. 힘이 빠지다
2. 멈추다, 꺼지다
3. 나눠주다
화장품 가게에서
샘플을 나눠준다.

out은 안에 있던 것이 밖으로 이동하는 것을 의미합니다. 원래 있던 것을 밖으로(out) 주는 것(give)이므로 **give out**은 '여러 사람에게 나눠주다'라는 의미도 있고 안에 있는 힘이 밖으로 나가는 것이므로 사람의 경우에는 '힘이 빠지다', 물건의 경우에는 '(동작이) 멈추다, (전원이) 꺼지다'의 의미가 됩니다.

STEP 1 문장 익히기

✓ 10번 반복 체크! 1 2 3 4 5 6 7 8 9 10

10번 반복해서 큰 소리로 읽어보며 내 것으로 만듭니다.

I was hiking, and my knees gave out.
등산을 하고 있는 중이었는데 무릎에 힘이 빠졌다.

My cellphone's battery is about to give out.
내 핸드폰 전원이 막 꺼지려고 한다.

The cosmetics store gives out some samples.
그 화장품 가게에서 샘플을 나눠준다.

STEP 2 입으로 말하기

3초 안에 영어로 나오지 않는다면 다시 STEP 1에서 연습합니다.

- 등산을 하고 있는 중이었는데 무릎에 힘이 빠졌다.
- 내 핸드폰 전원이 막 꺼지려고 한다.
- 그 화장품 가게에서 샘플을 나눠준다.

STEP 3 실전 대화에서 연습하기

학습한 문장을 활용해 실전 대화 연습을 해 봅시다.

A Have you ever used this product?
B Nope. What is it?
A Would you like to try it? They gave out some free samples.
B Okay. Thanks.

A 이 제품 사용해 봤어?
B 아니. 뭔데?
A 사용해 볼래? 무료 샘플을 몇 개 줬어.
B 좋아. 고마워.

DAY
070
give away
1. 기부하다
2. 거저 주다, 헐값에 주다
3. 나누어 주다
나는 고아원에
돈을 기부했다.

away는 멀어져서 사라지는 의미이고 '주다(give)'와 함께 쓰이면 무언가를 멀리 줘 버리는 의미이므로 **give away**는 '기부하다'의 의미로 사용되고 '거저 주다, 나누어 주다'라는 의미도 있습니다.

STEP 1 문장 익히기

✓ 10번 반복 체크! 1 2 3 4 5 6 7 8 9 10

10번 반복해서 큰 소리로 읽어보며 내 것으로 만듭니다.

You should give away your used clothes.
오래된 옷들은 기부하는 게 좋을 것 같아.

I gave money away to an orphanage.
나는 고아원에 돈을 기부했다.

He gave away some of his extra things.
그는 필요 없는 물건을 기부했다.

STEP 2 입으로 말하기

3초 안에 영어로 나오지 않는다면 다시 STEP 1에서 연습합니다.

- 오래된 옷들은 기부하는 게 좋을 것 같아.
- 나는 고아원에 돈을 기부했다.
- 그는 필요 없는 물건을 기부했다.

STEP 3 실전 대화에서 연습하기

학습한 문장을 활용해 실전 대화 연습을 해 봅시다.

A Did you hear about Tom?
B About what?
A He has given away a lot of money every year.
B Wow, he is a nice guy.

A Tom에 관해 이야기 들었어?
B 무슨 이야기?
A 많은 돈을 해마다 기부해 오고 있대.
B 와, 착한 사람이구나.

DAY
071
give in
1. (마지못해) 동의하다, 받아들이다
2. 항복하다
그의 상사는
그의 제안에 마지못해
동의했다.

in은 '안'이라는 의미이므로 '주다'라는 의미의 give와 함께 쓰여 본인의 의견을 안으로 준다는 의미에서 같은 공간 속에 있는 것이 되므로 **give in**은 '동의하다, 받아들이다, 항복하다'라는 의미로 사용됩니다. 그러나 흔쾌히 동의하는 의미는 아니고 마지못해 동의하는 의미로 사용되니 주의하세요.

STEP 1 문장 익히기

✓ 10번 반복 체크! 1 2 3 4 5 6 7 8 9 10

10번 반복해서 큰 소리로 읽어보며 내 것으로 만듭니다.

His boss gave in to his suggestion.
그의 상사는 그의 제안에 마지못해 동의했다.

He usually gives in when I am upset.
내가 화가 났을 때 그는 보통 어쩔 수 없이 동의한다.

I gave in to my son's request.
아들의 요구를 어쩔 수 없이 들어줬다.

STEP 2 입으로 말하기

3초 안에 영어로 나오지 않는다면 다시 STEP 1에서 연습합니다.

- 그의 상사는 그의 제안에 마지못해 동의했다.

- 내가 화가 났을 때 그는 보통 어쩔 수 없이 동의한다.
- 아들의 요구를 어쩔 수 없이 들어줬다.

STEP 3 실전 대화에서 연습하기

학습한 문장을 활용해 실전 대화 연습을 해 봅시다.

A What do you think about our project?
B Well, I should follow our boss's opinion.
A Me too. I think I'm going to give in.
B We have no choice.

A 우리 프로젝트에 대해 어떻게 생각해?
B 글쎄, 상사의 의견을 따를 수밖에.
A 나도. 맘에 들진 않지만 받아들여야 할 것 같아.
B 우린 선택의 여지가 없지.

DAY
072
give up
1. 포기하다, 단념하다
영어 학습하는 것을
포기하지 마세요.

up은 끝까지 위로 올라가는 의미이므로 목적지인 정상에 도달한다는 뜻에서 '완성, 완전, 완벽'을 의미합니다. '주다'라는 의미의 동사 give와 함께 쓰여 완전히(up) 줘버린다(give)는 의미에서 **give up**은 '포기하다, 단념하다'는 의미가 됩니다.

STEP 1 문장 익히기

✓ 10번 반복 체크! 1 2 3 4 5 6 7 8 9 10

10번 반복해서 큰 소리로 읽어보며 내 것으로 만듭니다.

Don't give up on studying English.
영어 학습하는 것을 포기하지 마세요.

It is hard to try but it is easy to give up.
시도하기는 어렵지만 포기하기는 쉽다.

I don't want you to give up on me.
난 네가 날 포기하지 않았으면 해.

STEP 2 입으로 말하기

3초 안에 영어로 나오지 않는다면 다시 STEP 1에서 연습합니다.

- 영어 학습하는 것을 포기하지 마세요.
- 시도하기는 어렵지만 포기하기는 쉽다.
- 난 네가 날 포기하지 않았으면 해.

STEP 3 실전 대화에서 연습하기

학습한 문장을 활용해 실전 대화 연습을 해 봅시다.

A What's wrong?
B It is so hard to keep studying.
A Don't give up. You can do it if you don't quit.
B Thanks. I'll do my best.

A 뭐가 문제야?
B 공부하는 게 너무 힘들어.
A 포기하지 마. 그만두지만 않는다면 해낼 수 있어.
B 고마워. 최선을 다해볼게.

DAY
073
give off
1. (열, 빛, 냄새 등을) 발하다, 내다
너의 향수는
달콤한 향기가 난다.

off는 접촉된 것이 떨어져 나간다는 의미이므로 **give off**는 열, 빛, 냄새 등이 떨어져 나가 '발하다, 내다'라는 의미로 사용됩니다.

STEP 1 문장 익히기

✓ 10번 반복 체크! 1 2 3 4 5 6 7 8 9 10

10번 반복해서 큰 소리로 읽어보며 내 것으로 만듭니다.

Your perfume gives off a sweet scent.
너의 향수는 달콤한 향기가 난다.

I like people who give off good vibes.
나는 좋은 느낌을 주는 사람들을 좋아한다.

This blanket is giving off a really bad odor.
이 담요는 정말 안 좋은 냄새가 난다.

STEP 2 입으로 말하기

3초 안에 영어로 나오지 않는다면 다시 STEP 1에서 연습합니다.

- 너의 향수는 달콤한 향기가 난다.
- 나는 좋은 느낌을 주는 사람들을 좋아한다.
- 이 담요는 정말 안 좋은 냄새가 난다.

STEP 3 실전 대화에서 연습하기

학습한 문장을 활용해 실전 대화 연습을 해 봅시다.

A Honey, what are you making?

B I'm making beef stew.

A Wow, it gives off a great scent. I'm getting hungry.

B Hold on for 5 minutes.

A 자기야, 뭐 만들고 있어?

B 소고기 스튜 만들고 있어.

A 와, 좋은 냄새가 난다. 배가 고파지고 있어.

B 5분만 기다려.

DAY
074
give back
1. 돌려주다
내 돈 돌려주는
것 잊지 마.

back은 되돌아가는 의미이므로 '주다'인 동사 give와 함께 쓰여 **give back**은 '돌려주다'의 의미가 됩니다.

STEP 1 문장 익히기

✓ 10번 반복 체크! 1 2 3 4 5 6 7 8 9 10

10번 반복해서 큰 소리로 읽어보며 내 것으로 만듭니다.

Don't forget to give back my money.
내 돈 돌려주는 것 잊지 마.

He was reluctant to give the pen back.
그는 그 펜을 돌려주기를 꺼렸다.

When are you going to give back my book?
내 책 언제 돌려줄 거야?

STEP 2 입으로 말하기

3초 안에 영어로 나오지 않는다면 다시 STEP 1에서 연습합니다.

- 내 돈 돌려주는 것 잊지 마.
- 그는 그 펜을 돌려주기를 꺼렸다.
- 내 책 언제 돌려줄 거야?

STEP 3 실전 대화에서 연습하기

학습한 문장을 활용해 실전 대화 연습을 해 봅시다.

A Mom, John won't give me back my toy.
B Really? Did you ask him nicely?
A Yes, I did. But he won't give it back.
B I'll talk to him.

A 엄마, John이 내 장난감 안 돌려줘요.
B 그래? 오빠한테 좋게 말했어?
A 네, 그랬어요. 하지만 안 돌려줘요.
B 엄마가 이야기할게.

Speak Out!

A 한글의 의미에 맞게 큰 소리로 말해봅시다!

❶ 등산을 하고 있는 중이었는데 무릎에 힘이 빠졌다.

❷ 내 핸드폰 전원이 막 꺼지려고 한다.

❸ 오래된 옷들은 기부하는 게 좋을 것 같아.

❹ 나는 고아원에 돈을 기부했다.

❺ 아들의 요구를 어쩔 수 없이 들어줬다.

❻ 시도하기는 어렵지만 포기하기는 쉽다.

❼ 난 네가 날 포기하지 않았으면 해.

❽ 나는 좋은 느낌을 주는 사람들을 좋아한다.

❾ 내 돈 돌려주는 것 잊지 마.

❿ 내 책 언제 돌려줄 거야?

이렇게 말하면 돼요!

❶ I was hiking, and my knees gave out.
❷ My cellphone's battery is about to give out.
❸ You should give away your used clothes.
❹ I gave money away to an orphanage.
❺ I gave in to my son's request.
❻ It is hard to try but it is easy to give up.
❼ I don't want you to give up on me.
❽ I like people who give off good vibes.
❾ Don't forget to give back my money.
❿ When are you going to give back my book?

B 실생활에서 바로 써먹기

A Would you like to try it? ❶ ________________
사용해 볼래? 무료 샘플을 몇 개 줬어.

B Okay. Thanks.
좋아. 고마워.

A What do you think about our project?
우리 프로젝트에 대해 어떻게 생각해?

B Well, ❷ ________________
글쎄, 맘에 들진 않지만 받아 들여야 할 것 같아.

A It is so hard to keep studying.
공부하는 게 너무 힘들어.

B ❸ ________________ You can do it if you don't quit.
포기하지 마. 그만두지만 않는다면 해낼 수 있어.

A I'm making beef stew.
소고기 스튜 만들고 있어.

B Wow, ❹ ________________ I'm getting hungry.
와, 좋은 냄새가 난다. 배가 고파지고 있어.

A Mom, ❺ ________________
엄마, John이 내 장남감 안 돌려 줘요.

B Really? Did you ask him nicely?
그래? 오빠한테 좋게 말했어?

이렇게 말하면 돼요!

❶ They gave out some free samples.
❷ I think I'm going to give in.
❸ Don't give up.
❹ it gives off a great scent.
❺ John won't give me back my toy.

Hold

무언가를 잡고 있을 땐,

hold

DAY
075
hold on
1. 기다리다
2. 견뎌내다
잠시만 기다려
주시겠어요?

on은 접촉과 동시에 진행의 의미가 있습니다. '잡다, 들다'의 의미인 hold와 함께 쓰여 무언가를 들거나 이미 접촉된 상태에서 계속 있는 것을 의미하죠. 그것이 공간이라면 그 공간에 붙어서 계속 있는 것이므로 **hold on**은 '기다리다, 견뎌내다'의 의미로 사용됩니다.

STEP 1 문장 익히기

✓ 10번 반복 체크! 1 2 3 4 5 6 7 8 9 10

10번 반복해서 큰 소리로 읽어보며 내 것으로 만듭니다.

Hold on, I need to find my cellphone.
기다려. 내 핸드폰 찾아야 해.

Could you hold on for a few seconds?
잠시만 기다려 주시겠어요?

Try to hold on until tomorrow.
내일까지 견뎌내.

STEP 2 입으로 말하기

3초 안에 영어로 나오지 않는다면 다시 STEP 1에서 연습합니다.

- 기다려. 내 핸드폰 찾아야 해.
- 잠시만 기다려 주시겠어요?
- 내일까지 견뎌내.

STEP 3 실전 대화에서 연습하기

학습한 문장을 활용해 실전 대화 연습을 해 봅시다.

A Hello. Is Mr. Jones there?
B Hold on for a moment. Let me check.
(a few seconds later)
B Oh. I'm sorry. He's not in the office now.
A Okay. I'll call back later.

A 여보세요. Jones씨 계신가요?
B 잠시만 기다려 주세요. 확인하겠습니다.
(잠시 뒤에)
B 오, 죄송하지만 그는 지금 사무실에 안 계세요.
A 알겠어요. 나중에 다시 전화할게요.

DAY
076
hold off
1. 미루다, 연기하다
여행가는 것을
미룰 것이다.

off는 붙어 있는 상태에서 떨어져 나가는 것을 의미합니다. 이미 정해져 있는 일정이나 이미 마음먹은 결정 등을 계속 진행되지 못 하도록 잡아서(hold) 떨어뜨린다(off)는 의미로 **hold off**는 '미루다, 연기하다'라는 의미가 되고 보통 **hold off on ~ing** 또는 **hold off on** 명사 형태로 '~하는 것을 미루다, 연기하다'의 의미로 사용됩니다.

STEP 1 문장 익히기

✓ 10번 반복 체크! 1 2 3 4 5 6 7 8 9 10

10번 반복해서 큰 소리로 읽어보며 내 것으로 만듭니다.

I've decided to hold off on buying a new car.
새 차 사는 것을 미루기로 결심했다.

He never holds off on doing his work.
그는 절대 그의 일을 미루는 법이 없다.

I will hold off on traveling.
여행 가는 것을 미룰 것이다.

STEP 2 입으로 말하기

3초 안에 영어로 나오지 않는다면 다시 STEP 1에서 연습합니다.

- 새 차 사는 것을 미루기로 결심했다.
- 그는 절대 그의 일을 미루는 법이 없다.
- 여행 가는 것을 미룰 것이다.

STEP 3 실전 대화에서 연습하기

학습한 문장을 활용해 실전 대화 연습을 해 봅시다.

A We need to hold off on the meeting.
B Really? What happened?
A There's a problem with the new product.
B Oh, we should solve it.

A 우리는 회의를 연기해야 해.
B 정말? 무슨 일인데?
A 새 상품에 문제가 있어.
B 오, 우리가 해결해야겠군.

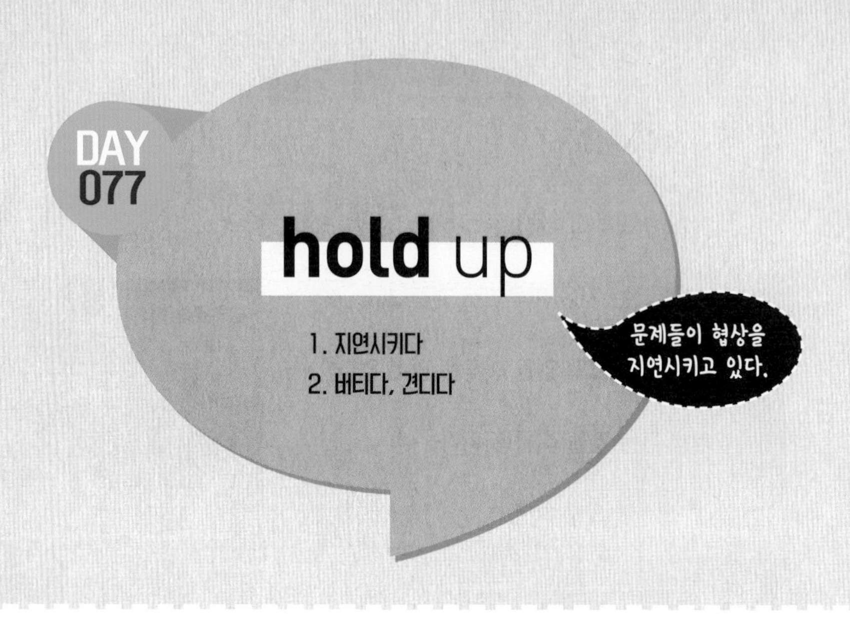
DAY
077
hold up
1. 지연시키다
2. 버티다, 견디다
문제들이 협상을
지연시키고 있다.

hold up은 위에 올라가 있는 상태(up)를 쥐고(hold) 버티고 있다는 의미입니다. 안 좋은 상황이나 힘든 상황에서 **hold up**하면 up하는 상태를 유지하는 것이기 때문에 '견디다'의 의미가 되고, 무언가를 가지 못하게 잡고 있는 것이므로 '지연시키다'의 의미로 사용됩니다. 또한, 'Hold up!'이라고 말하면 '잠깐만 기다려!'라는 의미이기도 합니다.

STEP 1 문장 익히기

✓ 10번 반복 체크! 1 2 3 4 5 6 7 8 9 10

10번 반복해서 큰 소리로 읽어보며 내 것으로 만듭니다.

Problems are holding up the negotiation.
문제들이 협상을 지연시키고 있다.

He's holding up well despite his tragedy.
그의 비극에도 불구하고 그는 잘 버티고 있다.

Hold up, I need to get my wallet first.
잠깐만요, 지갑 먼저 가지고 올게요.

STEP 2 입으로 말하기

3초 안에 영어로 나오지 않는다면 다시 STEP 1에서 연습합니다.

- 문제들이 협상을 지연시키고 있다.
- 그의 비극에도 불구하고 그는 잘 버티고 있다.
- 잠깐만요, 지갑 먼저 가지고 올게요.

STEP 3 실전 대화에서 연습하기

학습한 문장을 활용해 실전 대화 연습을 해 봅시다.

A Are you done eating?

B Yes, it was very good. Let's leave.

A Hold up, I'm going to pay the check first.

B Okay, I will wait.

A 다 먹었어?

B 응, 맛있었어. 가자.

A 잠깐만, 계산 먼저 할게.

B 좋아. 기다릴게.

DAY
078
hold back
1. 자제하다, 참다, 숨기다
그는 화를 잘 참는다.

back은 원래의 자리 또는 뒤로 돌아가는 의미입니다. '쥐다'라는 hold와 함께 쓰여 무언가를 다시 붙잡는 의미가 됩니다. 그래서 감정, 눈물, 정보, 행동 등을 원래의 자리로 보내기 위해 붙잡고 있는 것이므로 **hold back**은 감정, 행동 등을 '참다, 숨기다, 자제하다'의 의미로 해석됩니다.

STEP 1 문장 익히기

✓ 10번 반복 체크! 1 2 3 4 5 6 7 8 9 10

10번 반복해서 큰 소리로 읽어보며 내 것으로 만듭니다.

I try to hold my feelings back in public.
나는 사람들이 있는 데서 감정을 자제하려고 애쓴다.

He is good at holding back his anger.
그는 화를 잘 참는다.

I held back on making any large purchases.
나는 큰돈 들어가는 구매를 자제했다.

STEP 2 입으로 말하기

3초 안에 영어로 나오지 않는다면 다시 STEP 1에서 연습합니다.

- 나는 사람들이 있는 데서 감정을 자제하려고 애쓴다.
- 그는 화를 잘 참는다.
- 나는 큰돈 들어가는 구매를 자제했다.

STEP 3 실전 대화에서 연습하기

학습한 문장을 활용해 실전 대화 연습을 해 봅시다.

A I'm so excited about shopping for Christmas.

B I can tell.

A What about you? Why aren't you happy?

B I'm happy! I'm just holding back my excitement.

A 크리스마스 쇼핑할 것을 생각하니 너무 신난다.

B 그래 보여.

A 넌 어때? 별로 행복해 보이지 않는데?

B 나도 좋아! 단지 신나는 감정을 자제하는 것 뿐이야.

out은 안에서 밖으로 나오는 상태를 의미합니다. 밖으로 나가는 무언가를 쥐고(hold) 끝까지 놓지 않는 것을 나타내므로 **hold out**은 '버티다, 저항하다'는 의미로 사용됩니다.

DAY
079
hold out
1. 버티다, 저항하다
난 새 컴퓨터 사는 것을 버티고 있다.

✓ 10번 반복 체크! 1 2 3 4 5 6 7 8 9 10

10번 반복해서 큰 소리로 읽어보며 내 것으로 만듭니다.

I won't be able to hold out any longer.
나는 더 이상 버틸 수가 없을 것이다.

I will hold out on signing my new contract.
나는 새 계약서에 서명하는 것을 버틸 것이다.

I'm holding out on buying a new computer.
난 새 컴퓨터 사는 것을 버티고 있다.

STEP 2 입으로 말하기

3초 안에 영어로 나오지 않는다면 다시 STEP 1에서 연습합니다.

- 나는 더 이상 버틸 수가 없을 것이다.
- 나는 새 계약서에 서명하는 것을 버틸 것이다.
- 난 새 컴퓨터 사는 것을 버티고 있다.

STEP 3 실전 대화에서 연습하기

학습한 문장을 활용해 실전 대화 연습을 해 봅시다.

A Are you going to say sorry to him first?
B No, I'm going to hold out if possible.
A He won't be happy about it.
B I don't care.

A 먼저 그에게 사과할 거야?
B 아니, 가능한 한 오래 저항하려고.
A 그가 별로 안 좋아할 텐데.
B 신경 안 써.

Speak Out!

A 한글의 의미에 맞게 큰 소리로 말해봅시다!

❶ 기다려. 내 핸드폰 찾아야 해.

❷ 내일까지 견뎌내.

❸ 그는 절대 그의 일을 미루는 법이 없다.

❹ 여행 가는 것을 미룰 것이다.

❺ 문제들이 협상을 지연시키고 있다.

❻ 그의 비극에도 불구하고 그는 잘 버티고 있다.

❼ 그는 화를 잘 참는다.

❽ 나는 큰돈 들어가는 구매를 자제했다.

❾ 나는 새 계약서에 서명하는 것을 버틸 것이다.

❿ 난 새 컴퓨터 사는 것을 버티고 있다.

이렇게 말하면 돼요!

❶ Hold on, I need to find my cellphone.
❷ Try to hold on until tomorrow.
❸ He never holds off on doing his work.
❹ I will hold off on traveling.
❺ Problems are holding up the negotiation.
❻ He's holding up well despite his tragedy.
❼ He is good at holding back his anger.
❽ I held back on making any large purchases.
❾ I will hold out on signing my new contract.
❿ I'm holding out on buying a new computer.

B 실생활에서 바로 써먹기

A Hello. Is Mr. Jones there?
여보세요. Jones씨 계신가요?

B ❶ ________________ Let me check.
잠시만 기다려 주세요. 확인하겠습니다.

A ❷ ________________
우리는 회의를 연기해야 해.

B Really? What happened?
정말? 무슨 일인데?

A Let's leave.
가자.

B ❸ ____________, I'm going to pay the check first.
잠깐만, 계산 먼저 할게.

A Why aren't you happy?
별로 행복해 보이지 않는데?

B I'm happy! ❹ ________________
나도 좋아! 단지 신나는 감정을 자제하는 것뿐이야.

A Are you going to say sorry to him first?
먼저 그에게 사과할 거야?

B No, ❺ ________________
아니, 가능한 한 오래 저항하려고.

이렇게 말하면 돼요!

❶ Hold on for a moment.
❷ We need to hold off on the meeting.
❸ Hold up
❹ I'm just holding back my excitement.
❺ I'm going to hold out if possible.

Pull

무언가를 당길 땐,

pull

DAY
080
pull in
1. (도로 한쪽으로) 서다, 세우다
2. 도착하다
저기에 주차할 수 있다.

in은 안으로 들어오는 상태를 의미합니다. '끌어당기다'라는 동사 pull과 함께 쓰이면 기차나 버스가 플랫폼 또는 정거장으로 끌려 들어온다는 의미이므로 **pull in**은 '도착하다' 또한 도착한다는 것은 멈춘다는 의미이므로 도로 한쪽으로 자동차 등을 '세우다' 또는 '서다'의 의미가 됩니다.

STEP 1 문장 익히기

✓ 10번 반복 체크! 1 2 3 4 5 6 7 8 9 10

10번 반복해서 큰 소리로 읽어보며 내 것으로 만듭니다.

A car pulled in the parking lot.
차가 주차장에 세워져 있다.

You can pull in there.
저기에 주차할 수 있다.

The KTX pulls in every 30 minutes.
KTX는 30분마다 도착한다.

STEP 2 입으로 말하기

3초 안에 영어로 나오지 않는다면 다시 STEP 1에서 연습합니다.

- 차가 주차장에 세워져 있다.
- 저기에 주차할 수 있다.
- KTX는 30분마다 도착한다.

STEP 3 실전 대화에서 연습하기

학습한 문장을 활용해 실전 대화 연습을 해 봅시다.

A Where should I pull in?
B What about over there?
A Oh, no. That is for compact cars.
B I guess we have to look around more.

A 차를 어디에 세우지?
B 저기 어때?
A 오, 안돼. 저기는 소형차 전용이야.
B 다시 주차할 곳을 찾아봐야겠다.

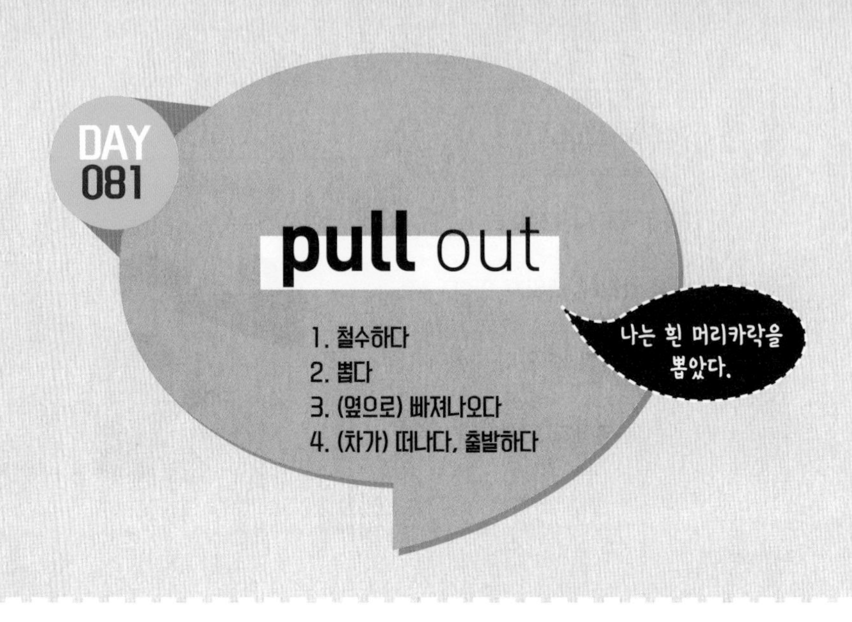
DAY
081
pull out
1. 철수하다
2. 뽑다
3. (옆으로) 빠져나오다
4. (차가) 떠나다, 출발하다
나는 흰 머리카락을
뽑았다.

out은 밖으로 나오는 의미가 있으므로 잡아당겨서(pull) 밖으로(out) 꺼낸다는 의미입니다. 안에 있던 것이 밖으로 잡아당겨 나오게 되는 것이므로 **pull out**은 '철수하다, 뽑다, 빠져나오다'라는 의미로 사용되고 자동차가 '출발하다'라는 의미로도 사용됩니다.

STEP 1 문장 익히기

✓ 10번 반복 체크! 1 2 3 4 5 6 7 8 9 10

10번 반복해서 큰 소리로 읽어보며 내 것으로 만듭니다.

The soldiers pulled out of Iraq.
군인들이 이라크에서 철수했다.

She pulls out her hair when she's stressed.
그녀는 스트레스를 받을 때 그녀의 머리카락을 뽑는다.

I pulled out some white hair.
나는 흰 머리카락을 뽑았다.

STEP 2 입으로 말하기

3초 안에 영어로 나오지 않는다면 다시 STEP 1에서 연습합니다.

- 군인들이 이라크에서 철수했다.
- 그녀는 스트레스를 받을 때 그녀의 머리카락을 뽑는다.
- 나는 흰 머리카락을 뽑았다.

STEP 3 실전 대화에서 연습하기

학습한 문장을 활용해 실전 대화 연습을 해 봅시다.

A Do you have any bad habits?
B Yes. I pull out my hair when I am nervous.
A Oh, I'm sorry to hear that.
B It is okay. I'll try not to do that anymore.

A 나쁜 습관 있어?
B 응. 긴장할 때면 머리카락을 뽑아.
A 오, 안됐구나.
B 괜찮아. 더 이상 그러지 않으려고 노력할 거야.

DAY
082
pull away
1. 멀어지다, 떠나다
내 아이는 항상
손을 멀리한다.

away는 멀어져 가는 의미가 있습니다. '당기다'라는 의미의 동사 pull과 함께 쓰여 멀리 당긴다는 의미이므로 **pull away**는 '멀어지다, 떠나다'라는 의미가 됩니다.

STEP 1 문장 익히기

✓ 10번 반복 체크! 1 2 3 4 5 6 7 8 9 10

10번 반복해서 큰 소리로 읽어보며 내 것으로 만듭니다.

She is pulling away from her boyfriend.
그녀는 남자친구로부터 멀어지려고 한다.

My child always pulls his hand away when I try to hold it.
내 아이는 내가 손을 잡으려고 하면 항상 그의 손을 멀리한다.

The car pulled away as the light turned green.
신호등이 초록색이 되자 그 차는 출발했다.

STEP 2 입으로 말하기

3초 안에 영어로 나오지 않는다면 다시 STEP 1에서 연습합니다.

- 그녀는 남자친구로부터 멀어지려고 한다.
- 내 아이는 내가 손을 잡으려고 하면 항상 그의 손을 멀리한다.

- 신호등이 초록색이 되자 그 차는 출발했다.

STEP 3 실전 대화에서 연습하기

학습한 문장을 활용해 실전 대화 연습을 해 봅시다.

A So, did you have fun with your new boyfriend?
B Well, not really. It was kind of awkward.
A What happened?
B I tried to hug him, but he pulled away.

A 그래서, 새 남자친구랑 즐거운 시간 보냈어?
B 글쎄, 별로. 좀 어색했어.
A 무슨 일 있었어?
B 내가 그를 안으려고 했지만 그가 뿌리쳤어.

DAY
083
pull up
1. (차를) 세우다
2. 올리다, 일으키다
나는 손을 씻을 때
소매를 걷어 올린다.

up은 위로 올라가는 의미로 '잡아당기다'는 의미의 동사 pull과 함께 쓰여 물건이나 사람을 올리거나 일으킨다는 의미로 사용합니다. 마차의 고삐를 위로 당겨 말을 세운 것에서 유래해서 **pull up**은 차를 '세우다'라는 의미가 되고, 말 그대로 위로 잡아당긴다는 의미로 무언가를 '치켜올리다, 일으키다'라는 의미도 됩니다.

STEP 1 문장 익히기

✓ 10번 반복 체크! 1 2 3 4 5 6 7 8 9 10

10번 반복해서 큰 소리로 읽어보며 내 것으로 만듭니다.

A car pulled up next to me suddenly.
차가 갑자기 내 옆에 멈춰 섰다.

Their shuttle bus pulled up outside of the hotel.
그들의 셔틀버스가 호텔 밖에 섰다.

I pull up my sleeves when I wash my hands.
나는 손을 씻을 때 소매를 걷어 올린다.

STEP 2 입으로 말하기

3초 안에 영어로 나오지 않는다면 다시 STEP 1에서 연습합니다.

- 차가 갑자기 내 옆에 멈춰 섰다.
- 그들의 셔틀버스가 호텔 밖에 섰다.
- 나는 손을 씻을 때 소매를 걷어 올린다.

STEP 3 실전 대화에서 연습하기

학습한 문장을 활용해 실전 대화 연습을 해 봅시다.

A You got all wet! What happened?

B The car suddenly pulled up and it's raining outside.

A Wow, did the driver apologize to you?

B Yes, he did.

A 다 젖었네! 무슨 일이야?

B 자동차가 갑자기 멈춰 섰어. 그리고 밖에 비가 오잖아.

A 와, 운전자가 사과했어?

B 응.

DAY 084

pull together

1. 함께 일하다
2. 힘을 합치다
3. 진정하다

이것을 끝내기 위해 함께 일을 해야 돼요.

together는 함께하는 의미가 있습니다. '당기다'는 의미의 동사 pull과 사용해 함께 모여 무언가를 당긴다는 의미가 됩니다. 그래서 **pull together**는 '힘을 합쳐 일하다, 함께 일하다'라는 의미를 나타내고 또는 내 안에 있는 정신을 한데 모아 정신을 바짝 차린다는 의미에서 '진정하다'는 의미를 갖게 됩니다.

STEP 1 문장 익히기

✓ 10번 반복 체크! 1 2 3 4 5 6 7 8 9 10

10번 반복해서 큰 소리로 읽어보며 내 것으로 만듭니다.

We need to pull together to finish this.
이것을 끝내기 위해 함께 일을 해야 해요.

Let's pull together to overcome this situation.
이 상황을 극복할 수 있도록 우리 힘을 합치자.

Pull yourself together.
침착해(진정해).

STEP 2 입으로 말하기

3초 안에 영어로 나오지 않는다면 다시 STEP 1에서 연습합니다.

- 이것을 끝내기 위해 함께 일을 해야 해요.
- 이 상황을 극복할 수 있도록 우리 힘을 합치자.
- 침착해(진정해).

STEP 3 실전 대화에서 연습하기

학습한 문장을 활용해 실전 대화 연습을 해 봅시다.

A Oh my god, I lost my wallet!
B Oh dear, do you remember where you lost it?
A No, I have no idea. I'm so scared!
B Pull it together. It will be okay. We will find it.

A 이런, 지갑을 잃어버렸어.
B 오 저런, 어디서 잃어버렸는지 기억해?
A 아니, 전혀 모르겠어. 나 너무 걱정돼!
B 침착해. 괜찮을 거야. 우리가 지갑을 찾을 거야.

DAY
085
pull apart
1. 뜯어내다, 싸움을 말리다
2. 분해하다
이 기계는
분리하기가 쉽다.

apart는 산산이 흩어지거나 분리되는 의미가 있습니다. pull 동사와 함께 쓰여 당겨서 분리되게 하는 즉, 한 덩어리나 한 무리 안에 있는 사람 또는 사물을 분리하거나 떼어낸다는 의미로 **pull apart**는 '뜯어내다, 싸움을 말리다' 또는 '분해하다'라는 뜻으로 사용됩니다.

STEP 1 문장 익히기

✓ 10번 반복 체크! 1 2 3 4 5 6 7 8 9 10

10번 반복해서 큰 소리로 읽어보며 내 것으로 만듭니다.

I pulled apart two kids who were fighting.
나는 싸우고 있는 두 아이를 말렸다.

This machine is easy to pull apart.
이 기계는 분리하기가 쉽다.

My brother pulled apart my puzzle.
동생이 내 퍼즐을 분리했다.

STEP 2 입으로 말하기

3초 안에 영어로 나오지 않는다면 다시 STEP 1에서 연습합니다.

- 나는 싸우고 있는 두 아이를 말렸다.
- 이 기계는 분리하기가 쉽다.
- 동생이 내 퍼즐을 분리했다.

STEP 3 실전 대화에서 연습하기

학습한 문장을 활용해 실전 대화 연습을 해 봅시다.

A Son, what are you doing?
B I'm trying to pull this model car apart.
A But your brother took a day to build it.
B He can make it again.

A 아들아, 뭐 하고 있는 거야?
B 이 모형 자동차를 분리하고 있어요.
A 하지만 형이 그거 만든다고 하루나 걸렸어.
B 형은 다시 만들 수 있어요.

Speak Out!

A 한글의 의미에 맞게 큰 소리로 말해봅시다!

❶ KTX는 30분마다 도착한다.

❷ 군인들이 이라크에서 철수했다.

❸ 나는 흰 머리카락을 뽑았다.

❹ 내 아이는 내가 손을 잡으려고 하면 항상 그의 손을 멀리한다.

❺ 신호등이 초록색이 되자 그 차는 출발했다.

❻ 나는 손을 씻을 때 소매를 걷어 올린다.

❼ 이 상황을 극복할 수 있도록 우리 힘을 합치자.

❽ 침착해(진정해).

❾ 나는 싸우고 있는 두 아이를 말렸다.

❿ 이 기계는 분리하기가 쉽다.

이렇게 말하면 돼요!

❶ The KTX pulls in every 30 minutes.
❷ The soldiers pulled out of Iraq.
❸ I pulled out some white hair.
❹ My child always pulls his hand away when I try to hold it.
❺ The car pulled away as the light turned green.
❻ I pull up my sleeves when I wash my hands.
❼ Let's pull together to overcome this situation.
❽ Pull yourself together.
❾ I pulled apart two kids who were fighting.
❿ This machine is easy to pull apart.

B 실생활에서 바로 써먹기

A ❶ ________________
차를 어디에 세우지?

B What about over there?
저기 어때?

A Do you have any bad habits?
나쁜 습관 있어?

B Yes. ❷ ________________
응. 긴장할 때면 머리카락을 뽑아.

A You got all wet! What happened?
다 젖었네! 무슨 일이야?

B ❸ ________________ and it's raining outside.
자동차가 갑자기 멈춰 섰어. 그리고 밖에 비가 오잖아.

A Oh my god, I lost my wallet! I'm so scared!
이런, 지갑을 잃어버렸어! 나 너무 걱정돼!

B ❹ ________________ It will be okay. We will find it.
침착해. 괜찮을 거야. 우리가 지갑을 찾을 거야.

A Son, what are you doing?
아들아, 뭐 하고 있는 거야?

B ❺ ________________
이 모형 자동차를 분리하고 있어요.

이렇게 말하면 돼요!

❶ Where should I pull in?
❷ I pull out my hair when I am nervous.
❸ The car suddenly pulled up
❹ Pull it together.
❺ I'm trying to pull this model car apart.

Break

무언가를 부순다고 할 땐,

break

Day 086 **break** into

Day 087 **break** out

Day 088 **break** up

Day 089 **break** down

Day 090 **break** off

Day 091 **break** through

DAY 086

break into

1. 끼어들다
2. 침입하다
3. 갑자기 노래를 부르거나 춤을 추다

도둑들이 보석 가게에 침입했다.

in은 '안에 있는'의 의미가 있고 into는 '안으로'라는 의미가 있습니다. '부수다'라는 동사 break과 함께 쓰여 무언가를 부수고 안으로 들어간다는 의미로 **break into**는 눈에 보이는 것을 부수고 들어가면 '침입하다', 대화처럼 추상적인 개념 안으로 들어가면 '끼어들다'라는 의미입니다.

✓ 10번 반복 체크! 1 2 3 4 5 6 7 8 9 10

10번 반복해서 큰 소리로 읽어보며 내 것으로 만듭니다.

I don't break into other people's conversation.
난 다른 사람들의 대화에 끼어들지 않는다.

Thieves broke into the jewelry shop.
도둑들이 보석 가게에 침입했다.

I was so happy that I broke into song.
난 너무 행복해서 갑자기 노래를 부르기 시작했다.

STEP 2 입으로 말하기

3초 안에 영어로 나오지 않는다면 다시 STEP 1에서 연습합니다.

- 난 다른 사람들의 대화에 끼어들지 않는다.
- 도둑들이 보석 가게에 침입했다.
- 난 너무 행복해서 갑자기 노래를 부르기 시작했다.

STEP 3 실전 대화에서 연습하기

학습한 문장을 활용해 실전 대화 연습을 해 봅시다.

A Police station. What's your emergency?
B I think somebody just broke into my house.
A Are you okay? What's the location?
B I'm scared. Could you help me?

A 경찰서입니다. 무슨 급한 일인가요?
B 누군가가 저희 집에 침입한 것 같아요.
A 괜찮으세요? 위치가 어디인가요?
B 무서워요. 도와주세요.

DAY
087
break out
1. 탈출하다
2. (여드름 등이) 나다
나는 얼굴에
여드름이 났다.

out은 '밖'을 의미합니다. 부수고(break) 밖으로(out) 나가거나 안에 있던 것이 밖으로 나오는 의미라서 **break out**은 '탈출하다'라는 의미로 사용됩니다. 또한 피부 밖으로 나온다는 의미로 피부에 '여드름이나 두드러기 또는 땀이 나다'라는 의미로도 사용됩니다.

STEP 1 문장 익히기

✓ 10번 반복 체크! 1 2 3 4 5 6 7 8 9 10

10번 반복해서 큰 소리로 읽어보며 내 것으로 만듭니다.

The main character breaks out of prison.
주인공은 감옥을 탈출한다.

My face broke out with acne.
나는 얼굴에 여드름이 났다.

I broke out in a cold sweat.
식은땀을 흘렸다. → break out in a cold sweat은 "식은땀을 흘리다"라는 표현입니다.

STEP 2 입으로 말하기

3초 안에 영어로 나오지 않는다면 다시 STEP 1에서 연습합니다.

- 주인공은 감옥을 탈출한다.
- 나는 얼굴에 여드름이 났다.
- 식은땀을 흘렸다.

STEP 3 실전 대화에서 연습하기

학습한 문장을 활용해 실전 대화 연습을 해 봅시다.

A What happened to your skin?

B My skin is breaking out in rashes from bad eating.

A What did you eat?

B I break out if I eat strawberries.

A 피부가 어떻게 된 거야?

B 피부에 나쁜 음식 섭취 때문에 뾰루지가 나고 있어.

A 뭘 먹은 거야?

B 딸기를 먹으면 두드러기가 나.

DAY
088
break up
1. 부서지다
2. 끝이 나다, 헤어지다
그는 방금 그의
여자친구와 헤어졌다.

up은 위로 끝까지 올라가는 의미로 무언가를 끝맺는다는 완성, 완전의 의미를 갖습니다. '부서지다'라는 의미의 동사 break과 함께 쓰여 **break up**은 완전히 '부서지다'라는 의미로 사용됩니다. 사람과 사람의 관계에서는 완전히 '헤어지다'를 뜻하겠죠.

STEP 1 문장 익히기

✓ 10번 반복 체크! 1 2 3 4 5 6 7 8 9 10

10번 반복해서 큰 소리로 읽어보며 내 것으로 만듭니다.

I broke the snack up into small pieces.
나는 과자를 작은 조각으로 부숴다.

You should break up with him.
그와 헤어지는 게 낫다.

He's just broken up with his girlfriend.
그는 방금 그의 여자친구와 헤어졌다.

STEP 2 입으로 말하기

3초 안에 영어로 나오지 않는다면 다시 STEP 1에서 연습합니다.

- 나는 과자를 작은 조각으로 부숴다.
- 그와 헤어지는 게 낫다.
- 그는 방금 그의 여자친구와 헤어졌다.

STEP 3 실전 대화에서 연습하기

학습한 문장을 활용해 실전 대화 연습을 해 봅시다.

A Did you hear the rumor?
B What is it?
A Mark broke up with Kate a few nights ago.
B Oh, no. Poor Kate.

A 소문 들었어?
B 뭔데?
A Mark가 Kate와 며칠 전에 헤어졌대.
B 오, 안돼. 불쌍한 Kate.

tip! 누군가를 동정할 때 '안됐다'라는 표현은 'Poor 대상'이라고 하면 됩니다.

DAY
089
break down
1. 고장 나다
2. (감정을 주체하지 못해)
주저앉다
그의 차가
고장이 났다.

down은 아래로 향해 결국 바닥에 고정되는 것을 의미합니다. '깨지다'라는 의미의 동사 break과 함께 쓰여 무언가 부서져 바닥에 고정되는 상태 즉, 움직이지 않는 상태가 된다는 의미로 **break down**은 '고장 나다'의 의미가 되며 이것이 사람의 마음일 경우 감정을 주체하지 못해 허물어지는 의미로 '(감정을 주체하지 못해) 주저앉다'의 의미로 사용됩니다.

STEP 1 문장 익히기

✓ 10번 반복 체크! 1 2 3 4 5 6 7 8 9 10

10번 반복해서 큰 소리로 읽어보며 내 것으로 만듭니다.

His car broke down.
그의 차가 고장이 났다.

Our washing machine has broken down again.
우리 세탁기가 또 고장이 났다.

She broke down and cried.
그녀는 주저앉아 울었다.

STEP 2 입으로 말하기

3초 안에 영어로 나오지 않는다면 다시 STEP 1에서 연습합니다.

- 그의 차가 고장이 났다.
- 우리 세탁기가 또 고장이 났다.
- 그녀는 주저앉아 울었다.

STEP 3 실전 대화에서 연습하기

학습한 문장을 활용해 실전 대화 연습을 해 봅시다.

A What's wrong, Mike?
B My car broke down.
A Oh, that's too bad.
B It's okay. I'll take the bus for now.

A Mike, 무슨 일이야?
B 내 차가 고장 났어.
A 오, 어떡해.
B 괜찮아. 당분간은 버스 타고 다니면 돼.

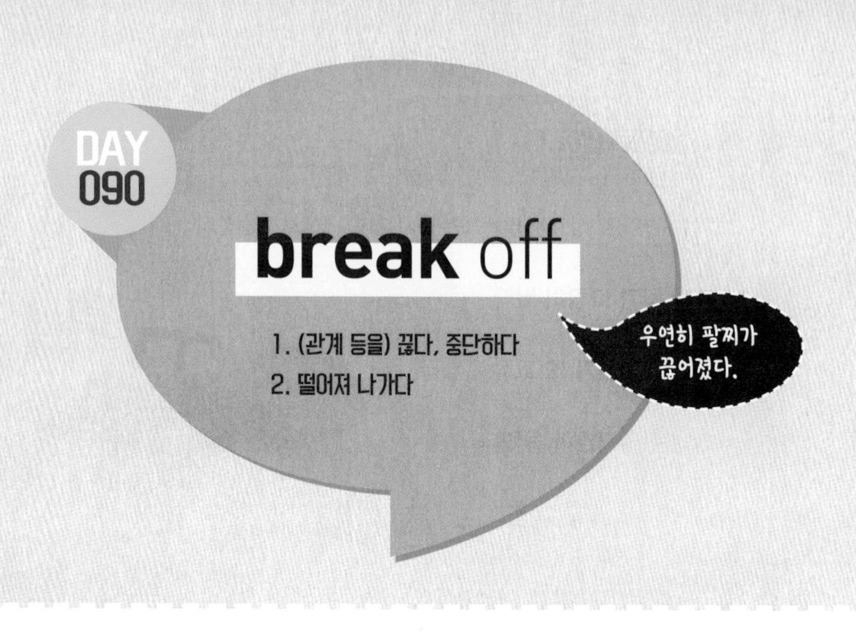
DAY
090
break off
1. (관계 등을) 끊다, 중단하다
2. 떨어져 나가다
우연히 팔찌가
끊어졌다.

off는 접촉된 것이 끊어져 중단되거나 멈추는 것을 의미합니다. '깨지다'라는 의미의 동사 break과 함께 쓰여 **break off**는 관계를 '중단하다, 끊다'라는 의미로 쓰입니다. 또한 붙어 있던 물건이 '떨어져 나가다'라는 의미로도 사용됩니다.

STEP 1 문장 익히기

✓ 10번 반복 체크! 1 2 3 4 5 6 7 8 9 10

10번 반복해서 큰 소리로 읽어보며 내 것으로 만듭니다.

It is hard to break off a bad habit.
나쁜 습관을 끊기는 어렵다.

They broke off their engagement.
그들은 약혼을 깼다.

My bracelet broke off by accident.
우연히 팔찌가 끊어졌다.

STEP 2 입으로 말하기

3초 안에 영어로 나오지 않는다면 다시 STEP 1에서 연습합니다.

- 나쁜 습관을 끊기는 어렵다.
- 그들은 약혼을 깼다.
- 우연히 팔찌가 끊어졌다.

STEP 3 실전 대화에서 연습하기

학습한 문장을 활용해 실전 대화 연습을 해 봅시다.

A You talk to Steve often, right?
B Not anymore.
A What happened?
B He suddenly **broke off** communication with me.

A 너 Steve랑 자주 이야기하지, 맞지?
B 이제는 안 해.
A 무슨 일 있었어?
B 걔가 갑자기 나랑 연락을 끊었어.

DAY
091
break
through
1. 뚫고 나가다
2. 극복하다
암 연구에
돌파구를 찾았다.

through는 터널을 통과하여 나가듯이 무언가를 뚫고 통과함을 의미합니다. '부수다'라는 의미의 동사 break과 함께 쓰여 **break through**는 실제로 무언가를 '뚫고 나아가다'라는 의미로도 쓰이고 어려운 문제나 힘든 상황을 '극복하다'라는 의미로도 사용합니다. **breakthrough**는 명사형으로 '돌파구'라는 의미입니다.

STEP 1 문장 익히기

✓ 10번 반복 체크! 1 2 3 4 5 6 7 8 9 10

10번 반복해서 큰 소리로 읽어보며 내 것으로 만듭니다.

He broke through the window to get inside.
그는 창문을 부수고 안으로 들어갔다.

The ants broke through the wall.
개미들이 벽을 뚫고 왔다.

There was a breakthrough in cancer research.
암 연구에 돌파구를 찾았다.

STEP 2 입으로 말하기

3초 안에 영어로 나오지 않는다면 다시 STEP 1에서 연습합니다.

- 그는 창문을 부수고 안으로 들어갔다.
- 개미들이 벽을 뚫고 왔다.
- 암 연구에 돌파구를 찾았다.

STEP 3 실전 대화에서 연습하기

학습한 문장을 활용해 실전 대화 연습을 해 봅시다.

A I have been very stressed lately.
B Really? What happened?
A I need to find a breakthrough at work.
B Good luck. I know you can do it.

A 나 최근에 너무 스트레스를 받았어.
B 정말? 무슨 일이야?
A 직장에서 돌파구를 찾아야 해.
B 행운을 빌어. 넌 할 수 있어.

Speak Out!

A 한글의 의미에 맞게 큰 소리로 말해봅시다!

❶ 난 다른 사람들의 대화에 끼어들지 않는다.

❷ 난 너무 행복해서 갑자기 노래를 부르기 시작했다.

❸ 주인공은 감옥을 탈출한다.

❹ 식은땀을 흘렸다.

❺ 나는 과자를 작은 조각으로 부쉈다.

❻ 우리 세탁기가 또 고장이 났다.

❼ 그녀는 주저앉아 울었다.

❽ 그들은 약혼을 깼다.

❾ 우연히 팔찌가 끊어졌다.

❿ 그는 창문을 부수고 안으로 들어갔다.

이렇게 말하면 돼요!

❶ I don't break into other people's conversation.
❷ I was so happy that I broke into song.
❸ The main character breaks out of prison.
❹ I broke out in a cold sweat.
❺ I broke the snack up into small pieces.
❻ Our washing machine has broken down again.
❼ She broke down and cried.
❽ They broke off their engagement.
❾ My bracelet broke off by accident.
❿ He broke through the window to get inside.

B 실생활에서 바로 써먹기

A Police station. What's your emergency?
경찰서입니다. 무슨 급한 일인가요?

B I think ❶ ________________________________
누군가가 저희 집에 침입한 것 같아요.

A What happened to your skin?
피부가 어떻게 된 거야?

B ❷ ________________________________ from bad eating.
피부에 나쁜 음식 섭취 때문에 뾰루지가 나고 있어.

A What's wrong, Mike?
Mike, 무슨 일이야?

B ❸ ________________________________
내 차가 고장 났어.

A Why don't you talk to Steve?
너 왜 스티브랑 이야기 안 해?

B ❹ ________________________________
걔가 갑자기 나랑 연락을 끊었어.

A ❺ ________________________________
직장에서 돌파구를 찾아야 해.

B Good luck. I know you can do it.
행운을 빌어. 넌 할 수 있어.

이렇게 말하면 돼요!

❶ somebody just broke into my house.
❷ My skin is breaking out in rashes
❸ My car broke down.
❹ He suddenly broke off communication with me.
❺ I need to find a breakthrough at work.

Look

무언가를 의식해서 볼 땐,

look

DAY
092
look around
1. 둘러보다, 구경하다
그녀는 동네를
둘러보는 것을
좋아한다.

around는 무언가의 주변을 의미합니다. '보다'라는 의미의 동사 look과 함께 쓰여 **look around**는 의식적으로 주변 여기저기를 '둘러보다, 구경하다'의 의미로 사용됩니다.

STEP 1 문장 익히기

✓ 10번 반복 체크! 1 2 3 4 5 6 7 8 9 10

10번 반복해서 큰 소리로 읽어보며 내 것으로 만듭니다.

I spent the afternoon looking around the mall.
나는 쇼핑몰을 둘러보면서 오후 시간을 보냈다.

She likes to look around the town.
그녀는 동네를 둘러보는 것을 좋아한다.

You must look around at your surroundings.
자기 주변을 둘러봐야 한다.

STEP 2 입으로 말하기

3초 안에 영어로 나오지 않는다면 다시 STEP 1에서 연습합니다.

- 나는 쇼핑몰을 둘러보면서 오후 시간을 보냈다.
- 그녀는 동네를 둘러보는 것을 좋아한다.
- 자기 주변을 둘러봐야 한다.

STEP 3 실전 대화에서 연습하기

학습한 문장을 활용해 실전 대화 연습을 해 봅시다.

A What will you do when you travel abroad?
B I'll look around here and there and go for shopping.
A Wow, it sounds very exciting.
B I wish you could come with me.

A 해외여행 가면 뭐 할 거야?
B 여기저기 구경하고 쇼핑하려고.
A 와, 재밌겠다.
B 너도 나와 함께 가면 좋을 텐데.

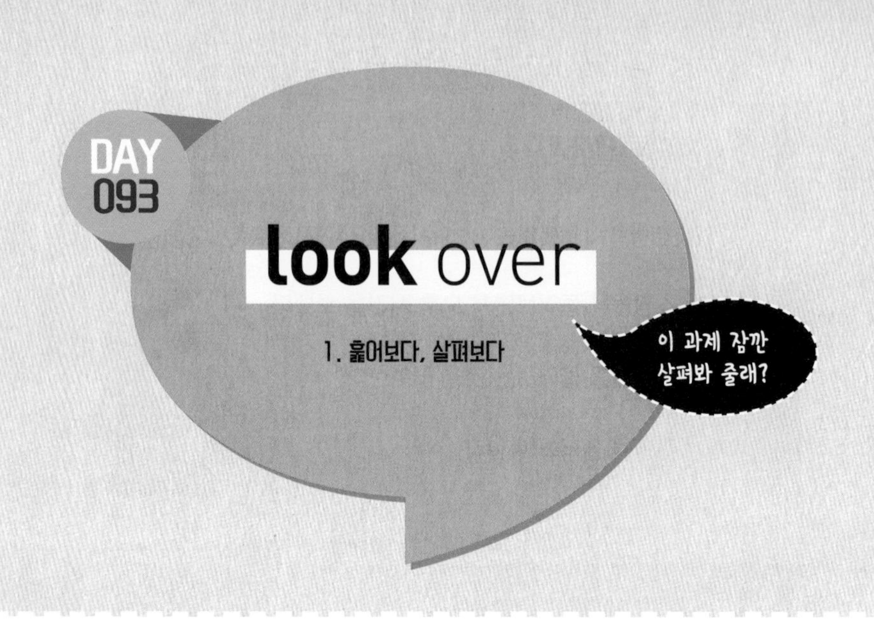
DAY
093
look over
1. 훑어보다, 살펴보다
이 과제 잠깐
살펴봐 줄래?

over는 무언가를 넘어가는 의미가 있습니다. 그래서 '보다'라는 의미의 동사 look과 함께 쓰여 **look over**는 어깨 너머를 보듯이 대충 '살펴보다, 훑어보다'의 의미로 사용됩니다. 자세히 본다는 의미가 아닌 대충 훑어보는 것을 의미합니다.

STEP 1 문장 익히기

✓ 10번 반복 체크! 1 2 3 4 5 6 7 8 9 10

10번 반복해서 큰 소리로 읽어보며 내 것으로 만듭니다.

Would you quickly look over this assignment?
이 과제 잠깐 살펴봐 줄래?

I looked over what I'd written.
내가 작성한 것을 훑어보았다.

My boss looked over my report.
상사가 내 보고서를 살펴보았다.

STEP 2 입으로 말하기

3초 안에 영어로 나오지 않는다면 다시 STEP 1에서 연습합니다.

- 이 과제 잠깐 살펴봐 줄래?
- 내가 작성한 것을 훑어보았다.
- 상사가 내 보고서를 살펴보았다.

STEP 3 실전 대화에서 연습하기

학습한 문장을 활용해 실전 대화 연습을 해 봅시다.

A Hey, Dan! Can you help me out?

B Sure. What's up?

A Can you look over my essay and tell me your opinion?

B No problem.

A Dan! 나 좀 도와줄래?

B 물론. 뭔데?

A 내 에세이 좀 살펴보고 네 의견을 말해 줄래?

B 문제없어.

DAY 094

look up

1. (인터넷, 사전 등에서) 찾아보다
2. 올려다보다
3. 우러러보다

그녀는 맑은 하늘을 올려다보는 것을 좋아한다.

up은 위로 올라가는 것을 의미합니다. 또한 끝까지 올라가는 이미지여서 완성, 완벽, 완전의 의미도 있습니다. 그래서 **look up**은 완벽하게 알기 위해 무언가를 인터넷이나 사전에서 '찾아보다'라는 의미로 쓰입니다. 물론 말 그대로 위를 '올려다보다'라는 의미도 있고 그 올려다 보는 대상이 사람이면 '우러러보다'의 의미가 됩니다.

✓ 10번 반복 체크! 1 2 3 4 5 6 7 8 9 10

10번 반복해서 큰 소리로 읽어보며 내 것으로 만듭니다.

Look it up.
찾아봐!

Look up the name of that singer online.
인터넷에서 저 가수의 이름을 찾아봐.

She likes to look up at the clear sky.
그녀는 맑은 하늘을 올려다보는 것을 좋아한다.

STEP 2 입으로 말하기

3초 안에 영어로 나오지 않는다면 다시 STEP 1에서 연습합니다.

- 찾아봐!
- 인터넷에서 저 가수의 이름을 찾아봐.
- 그녀는 맑은 하늘을 올려다보는 것을 좋아한다.

STEP 3 실전 대화에서 연습하기

학습한 문장을 활용해 실전 대화 연습을 해 봅시다.

A Do you know the meaning of e-cig?
B Hmm. Is it "electronic cigarette"?
A Yes, wow did you look it up?
B Nope, I just figured it out.

A 너 e-cig의 의미를 알아?
B 음, 그거 전자담배 말하는 거지?
A 응, 와 찾아본 거야?
B 아니, 내가 그냥 알아냈어.

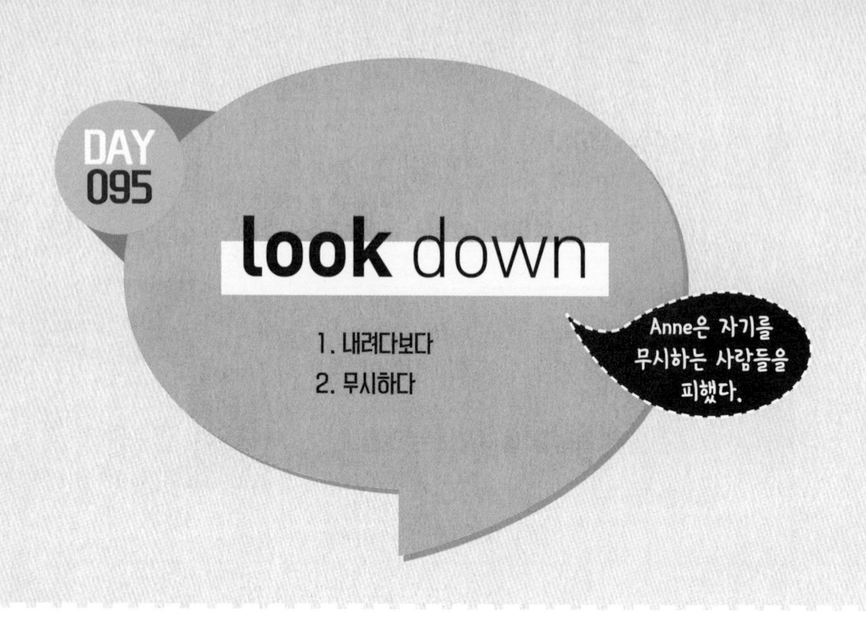
DAY
095
look down
1. 내려다보다
2. 무시하다
Anne은 자기를
무시하는 사람들을
피했다.

down은 아래로 내려가 바닥에 고정되는 의미를 가집니다. 그래서 '보다'라는 의미의 동사 look과 함께 쓰여 **look down**은 아래를 '내려다보다' 혹은 사람을 내려 본다는 의미로 '무시하다'라는 의미로 사용합니다.

STEP 1 문장 익히기

✓ 10번 반복 체크! 1 2 3 4 5 6 7 8 9 10

10번 반복해서 큰 소리로 읽어보며 내 것으로 만듭니다.

He thought they looked down on him.
그는 그들이 그를 무시한다고 생각했다.

Don't look down on other people.
다른 사람들을 무시하지 말아라.

Anne avoided people who looked down on her.
Anne은 자기를 무시하는 사람들을 피했다.

STEP 2 입으로 말하기

3초 안에 영어로 나오지 않는다면 다시 STEP 1에서 연습합니다.

- 그는 그들이 그를 무시한다고 생각했다.
- 다른 사람들을 무시하지 말아라.
- Anne은 자기를 무시하는 사람들을 피했다.

STEP 3 실전 대화에서 연습하기

학습한 문장을 활용해 실전 대화 연습을 해 봅시다.

A Wow. Look at all of the homeless people.

B Yes, it's so sad.

A That's right, but let's try not to look down on them.

B I agree. They are still human beings.

A 와, 모든 노숙자 좀 봐.

B 어, 안됐다.

A 맞아, 하지만 그들을 무시하지 말도록 하자.

B 같은 생각이야. 그들도 여전히 인간인걸.

DAY
096
look out
1. 조심하다
2. 밖을 보다
조심해, 오토바이가
오고 있어.

out은 밖에 있는 상태를 의미합니다. 특히 안에서 밖으로 움직인다는 의미를 갖는데 '보다'라는 의미의 동사 look과 함께 쓰여 **look out**은 '밖을 보다' 혹은 밖을 의식해서 보는 것이니 '조심하다'라는 의미로도 사용됩니다.

STEP 1 문장 익히기

✓ 10번 반복 체크! 1 2 3 4 5 6 7 8 9 10

10번 반복해서 큰 소리로 읽어보며 내 것으로 만듭니다.

Look out! There's a motorcycle coming.
조심해, 오토바이가 오고 있어.

She likes to look out the window.
그녀는 창문 밖을 바라보는 것을 좋아한다.

I look out of the airplane on long flights.
장거리 비행에서 나는 비행기 밖을 바라본다.

STEP 2 입으로 말하기

3초 안에 영어로 나오지 않는다면 다시 STEP 1에서 연습합니다.

- 조심해, 오토바이가 오고 있어.
- 그녀는 창문 밖을 바라보는 것을 좋아한다.
- 장거리 비행에서 나는 비행기 밖을 바라본다.

STEP 3 실전 대화에서 연습하기

학습한 문장을 활용해 실전 대화 연습을 해 봅시다.

A Mom, let's go across the street!
B Wait a minute! Hold my hand.
A Okay!
B Let's look out for cars before we cross.

A 엄마, 도로를 건너요.
B 잠깐만! 내 손을 잡아.
A 알았어요.
B 건너기 전에 차가 오는지 조심하자.

DAY 097

look into

1. 조사하다, 주의 깊게 살피다
2. ~의 안을 들여다보다

새 노트북을 사는 것을 조사하고 있어.

into는 안으로 들어가는 의미를 갖습니다. in은 공간으로 '안쪽'이란 의미이고 to는 방향으로 '~로'를 뜻하므로 look 동사와 함께 쓰여 **look into**는 '안을 들여다보다' 또는 어떤 상황으로 깊이 들어가는 것이므로 '조사하다, 주의 깊게 살피다'의 의미로 사용됩니다.

✓ 10번 반복 체크! 1 2 3 4 5 6 7 8 9 10

10번 반복해서 큰 소리로 읽어보며 내 것으로 만듭니다.

I'm looking into buying a new laptop.
새 노트북 사는 것을 조사하고 있어.

He's looking into getting a promotion.
그는 승진의 기회를 들여다보고 있다.

Let's look into Korean history.
한국 역사를 조사해 보자.

STEP 2 입으로 말하기

3초 안에 영어로 나오지 않는다면 다시 STEP 1에서 연습합니다.

- 새 노트북을 사는 것을 조사하고 있어.
- 그는 승진의 기회를 들여다보고 있다.
- 한국 역사를 조사해 보자.

STEP 3 실전 대화에서 연습하기

학습한 문장을 활용해 실전 대화 연습을 해 봅시다.

A Are you ready for our trip to Europe?
B Yes, but the cost of flights is high.
A Can you look into finding cheap tickets?
B Sure.

A 유럽에 여행 갈 준비가 되었나요?
B 네, 하지만 비행기 비용이 많이 들어요.
A 저렴한 비행기 티켓을 찾아볼 수 있어요?
B 물론이죠.

DAY
098
look back
1. 되돌아보다
난 과거의 실수를
돌이켜 봤다.

back은 뒤로 다시 돌아가는 의미입니다. '보다'라는 의미의 동사 look과 함께 쓰여 **look back**은 '돌이키다, 되돌아보다'라는 의미로 사용됩니다.

STEP 1 문장 익히기

✓ 10번 반복 체크! 1 2 3 4 5 6 7 8 9 10

10번 반복해서 큰 소리로 읽어보며 내 것으로 만듭니다.

I looked back on the mistakes of my past.
난 과거의 실수를 돌이켜 봤다.

One day we'll look back on this and smile.
언젠가는 우리가 이것을 되돌아보며 미소 지을 거야.

It is not good to look back time after time.
매번 되돌아보는 것은 좋은 일이 아니다.

STEP 2 입으로 말하기

3초 안에 영어로 나오지 않는다면 다시 STEP 1에서 연습합니다.

- 난 과거의 실수를 돌이켜 봤다.
- 언젠가는 우리가 이것을 되돌아보며 미소 지을 거야.
- 매번 되돌아보는 것은 좋은 일이 아니다.

STEP 3 실전 대화에서 연습하기

학습한 문장을 활용해 실전 대화 연습을 해 봅시다.

A Oh, I did it again. I made another mistake at work.
B Oh dear, what did you do?
A I gave too much money to the customer.
B Look back on your past mistakes and learn from them.

A 오, 또 저질렀어. 회사에서 또 다른 실수를 하고 말았어.
B 오 저런, 무엇을 했는데?
A 손님에게 돈을 너무 많이 줘 버렸어.
B 과거의 실수를 돌이켜 보고 거기서 교훈을 얻도록 해.

DAY
099
look for
1. 찾다
나 열쇠 찾아야해.

for는 무엇을 향해 있거나 그것을 바라보고 있는 의미가 있습니다. '보다'라는 의미의 동사 look과 함께 쓰여 **look for**는 무엇을 '찾다'의 의미로 사용됩니다.

STEP 1 문장 익히기

✓ 10번 반복 체크! 1 2 3 4 5 6 7 8 9 10

10번 반복해서 큰 소리로 읽어보며 내 것으로 만듭니다.

I'm looking for a job these days.
요즘 난 일자리를 찾고 있어.

Can you look for Tom?
Tom 찾아볼 수 있겠니?

I need to look for my key.
나 열쇠 찾아야 해.

STEP 2 입으로 말하기

3초 안에 영어로 나오지 않는다면 다시 STEP 1에서 연습합니다.

- 요즘 난 일자리를 찾고 있어.
- Tom 찾아볼 수 있겠니?
- 나 열쇠 찾아야 해.

STEP 3 실전 대화에서 연습하기

학습한 문장을 활용해 실전 대화 연습을 해 봅시다.

A How's your job search going?
B Not so good so far.
A What kind of job are you looking for?
B I'm looking for a job in education.

A 취업 준비 어떻게 되어가고 있어?
B 지금까지는 좋지 않아.
A 어떤 직업을 찾고 있는데?
B 난 교육 분야의 일을 찾고 있어.

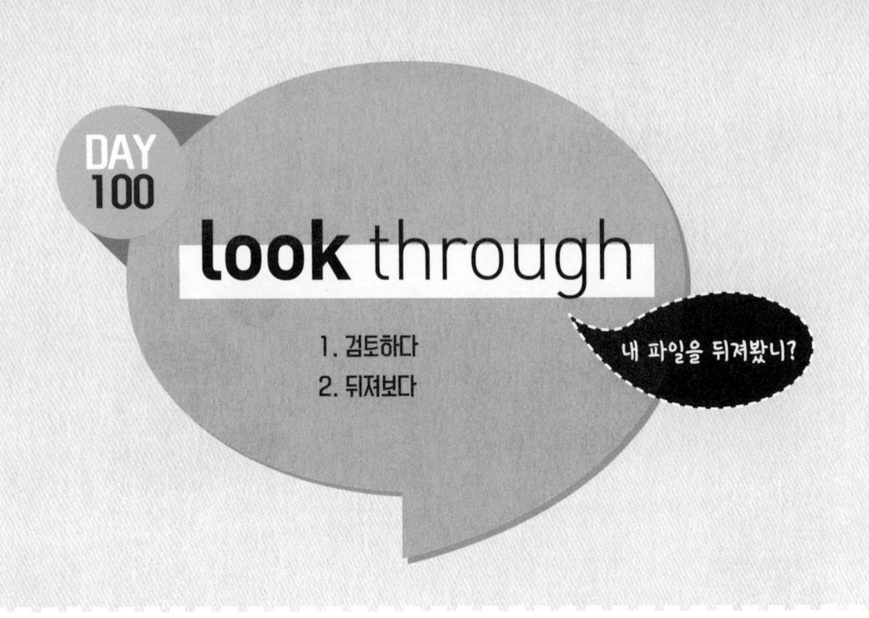
DAY
100
look through
1. 검토하다
2. 뒤져보다
내 파일을 뒤져봤니?

전치사 through는 터널을 뚫고 나오는 것처럼 무언가를 통과해서 나온다는 의미입니다. 'look(보다)'과 함께 쓰여 무언가를 보면서 뚫고 나오는 것이니 **look through**는 꼼꼼히 '검토하다, 뒤져보다'의 의미로 사용합니다.

STEP 1 문장 익히기

✓ 10번 반복 체크! 1 2 3 4 5 6 7 8 9 10

10번 반복해서 큰 소리로 읽어보며 내 것으로 만듭니다.

I've looked through the book.
나는 그 책을 검토해 보았다.

I looked through my bag to find my lipstick.
나는 립스틱을 찾기 위해서 가방을 뒤졌다.

Did you look through my file?
내 파일을 뒤져봤니?

STEP 2 입으로 말하기

3초 안에 영어로 나오지 않는다면 다시 STEP 1에서 연습합니다.

- 나는 그 책을 검토해 보았다.
- 나는 립스틱을 찾기 위해서 가방을 뒤졌다.
- 내 파일을 뒤져봤니?

STEP 3 실전 대화에서 연습하기

학습한 문장을 활용해 실전 대화 연습을 해 봅시다.

A Honey, come here!
B What are you doing?
A I'm looking through our old photos.
B Wow! Look how young we were!

A 자기야, 여기 와봐!
B 뭐 하고 있어?
A 난 오래된 우리의 사진을 찬찬히 보고 있는 중이야.
B 와, 우리가 얼마나 어렸는지를 봐.

Speak Out!

A 한글의 의미에 맞게 큰 소리로 말해봅시다!

❶ 내가 작성한 것을 훑어보았다.

❷ 찾아봐!

❸ 인터넷에서 저 가수의 이름을 찾아봐.

❹ 다른 사람들을 무시하지 말아라.

❺ 그녀는 창문 밖을 바라보는 것을 좋아한다.

❻ 새 노트북 사는 것을 조사하고 있어.

❼ 그는 승진의 기회를 들여다보고 있다.

❽ 난 과거의 실수를 돌이켜 봤다.

❾ 요즘 난 일자리를 찾고 있어.

❿ 나는 그 책을 검토해 보았다.

☆ 이렇게 말하면 돼요!

❶ I looked over what I'd written.
❷ Look it up.
❸ Look up the name of that singer online.
❹ Don't look down on other people.
❺ She likes to look out the window.
❻ I'm looking into buying a new laptop.
❼ He's looking into getting a promotion.
❽ I looked back on the mistakes of my past.
❾ I'm looking for a job these days.
❿ I've looked through the book.

B 실생활에서 바로 써먹기

A What will you do when you travel abroad?
해외여행 가면 뭐 할 거야?

B ❶ ________________ and go for shopping.
여기저기 구경하고 쇼핑하려고.

A Mom, let's go across the street!
엄마, 도로를 건너요.

B ❷ ________________
건너기 전에 차가 오는지 조심하자.

A ❸ ________________
저렴한 비행기 티켓을 찾아볼 수 있어요?

B Sure.
물론이죠.

A Oh, I did it again. I made another mistake at work.
오, 또 저질렀어. 회사에서 또 다른 실수를 하고 말았어.

B ❹ ________________ and learn from them.
과거의 실수를 돌이켜 보고 거기서 교훈을 얻도록 해.

A ❺ ________________
난 오래된 우리의 사진을 찬찬히 보고 있는 중이야.

B Wow! Look how young we were!
와, 우리가 얼마나 어렸는지를 봐.

이렇게 말하면 돼요!

❶ I'll look around here and there
❷ Let's look out for cars before we cross.
❸ Can you look into finding cheap tickets?
❹ Look back on your past mistakes
❺ I'm looking through our old photos.